1000 tolle T-SHIRTS

KOMBINIEREN, VARIIEREN, NÄHEN
MIT DEM NEUEN BAUKASTEN-PRINZIP

SEBASTIAN HOOFS

GRUNDLAGEN

SHIRTS DAMEN

shirts Herren

Sie möchten ein elegantes Shirt mit tiefem Rundhals, geschwungenem Saum und Dreiviertelärmeln? Oder lieber doch ein klassisches Polo mit seitlichen Schlitzen und kurzem Arm? Ein Longsleeve mit handgenähtem amerikanischen Ausschnitt oder ein T-Shirt mit modischem Cut out? Ein lässiges Tanktop mit aufgesetzter Tasche oder ein cooles V-Shirt im Destroyed Look? Mit diesem Buch können Sie nahezu endlose T-Shirt-Looks kreieren. Die Damen- und Herrenshirts beruhen jeweils auf einem Grundschnitt, der mit unterschiedlichen Ausschnitt-, Ärmel- und Saumvarianten beliebig abgewandelt werden kann. Durch die Verwendung unterschiedlicher Stoffqualitäten und -farben verändern Sie zusätzlich den Stil Ihres Shirts. Bei den Damenshirts stehen darüber hinaus verschiedene Finish-Varianten zur Auswahl, die Ihr Shirt unverwechselbar machen. So können Sie wie im Atelier Ihre Designideen an den Modellen schnell umsetzen. Ausgewählte Profitechniken verhelfen Ihnen außerdem dazu, Ihr Shirt noch hochwertiger zu verarbeiten. Lassen Sie Ihrer Kreativität freien Lauf und gestalten Sie 1000 tolle T-Shirts!

Nähmaschinen   Ärmellänge

Zuschnitt   Materialien

Paspelstreifen zuschneiden

Zubehör   Hüftumfang

GRUND

Garne   Schnitttechnik

Elastizitätsfaktor bestimmen

Nadeln   Schneidewerkzeuge

Rückenlänge   Scheren

Schnittmuster abwandeln

Markierwerkzeuge

Brustumfang   Nahttrenner

Bündchen zuschneiden

LAGEN

Maßanpassungen   Bügeln

Schnittmuster kopieren

Richtige Größe

Schnittteile zuschneiden

MATERIALIEN, NÄHMASCHINE UND ZUBEHÖR

Materialien

Grundsätzlich sind für Shirts alle elastischen Bekleidungsmaterialien geeignet. Ich als Maßschneider verwende in meinem Atelier stets hochwertige Stoffe. Eine ungenügende Qualität macht sich bei Stoffen schnell bemerkbar. Erstens wird das genähte Kleidungsstück nie hochwertig aussehen und zweitens lassen sich solche Stoffe häufig schlechter verarbeiten und pflegen. Spätestens nach der ersten Wäsche gibt es dann oft eine böse Überraschung. Beim Kauf von geeigneten Stoffen braucht man daher manchmal etwas Geduld. Das gilt insbesondere für Herrenstoffe. Wenige Stoffhändler bieten Stoffe an, die für aktuelle Modetrends geeignet sind. Stoffe, die komplett uni sind, wirken schnell langweilig. Achten Sie daher beim Kauf auf melierte Stoffe oder greifen Sie auf Pikeestoffe zurück. Baumwollpikees werden zum Beispiel auch für Poloshirts verwendet. Je schwerer und fließender die Stoffe sind, desto lässiger wirkt das Oberteil. Sehr schön macht sich auch Rippenjersey, der auf beiden Seiten unterschiedliche Farben hat (siehe Seite 126).

Für die Damenshirts haben wir zum Teil besonders hochwertige Materialien verarbeitet. Der Jersey des roten Damenshirts (Seite 54) besteht beispielsweise aus Wolle und Kaschmir, was einen wunderbar weichen Griff erzeugt. Der Jersey des orangefarbenen Modells (Seite 78) ist ein Gemisch aus Wolle und Angora – ideal für ein sehr dünnes aber dennoch wärmendes Kleidungsstück. Das frühlingshafte Wasserfallshirt (Seite 71) ist u. a. aus elastischem Seidensatin gearbeitet, der wunderbar bedruckt ist. Mit solchen Stoffen entstehen außergewöhnliche Kleidungsstücke. Mit alltäglicheren, aber dennoch qualitativ hochwertigen Stoffen sehen die Shirts jedoch genauso gut aus. Überzeugen Sie sich stets vor dem Kauf, ob das jeweilige Material Ihren Ansprüchen genügt. Wenn Sie Stoffe in Onlineshops kaufen, lassen Sie sich im Zweifelsfall Proben schicken. Neben dem geeigneten Material ist es auch wichtig, das für das jeweilige Modell passende Garn auszuwählen. Alle Nähte, die eine breite Fläche bilden und eng an der Haut aufliegen, wie Overlock- oder Coverlocknähte, sollten mit Bauschgarn genäht werden. So wird die Naht angenehm weich und kratzt nicht auf der Haut. Verwenden Sie jedoch das Bauschgarn nur für die beiden Greiferfäden. Als Nadelfaden sollte ein 150er- bis 100er-Garn verwendet werden, damit die Naht stabil wird. Um auf elastischen Materialien Steppnähte zu nähen, gibt es mehrere Möglichkeiten. Sie können dazu auf der Coverlock den Kettstich oder auf der Computernähmaschine den Elastikstich einstellen. Auf der normalen Nähmaschine verwenden Sie einen kleinen Zickzackstich oder einen elastischen Nähfaden (z. B. von der Firma Alterfil), mit dem der Steppstich Ihrer Nähmaschine elastisch wird. Alternativ können Sie Steppnähte natürlich auch mit einer Zwillingsnadel nähen.

Nähmaschinen

Was braucht man, um tolle T-Shirts zu schneidern. Grundsätzlich sind Sie mit einer Nähmaschine, die über einen Zickzackstich verfügt, schon perfekt ausgerüstet. Wer häufiger näht und den Kleidungsstücken ein professionelles Aussehen verleihen möchte, wird die Anschaffung einer Overlock und einer Coverlock nicht bereuen.

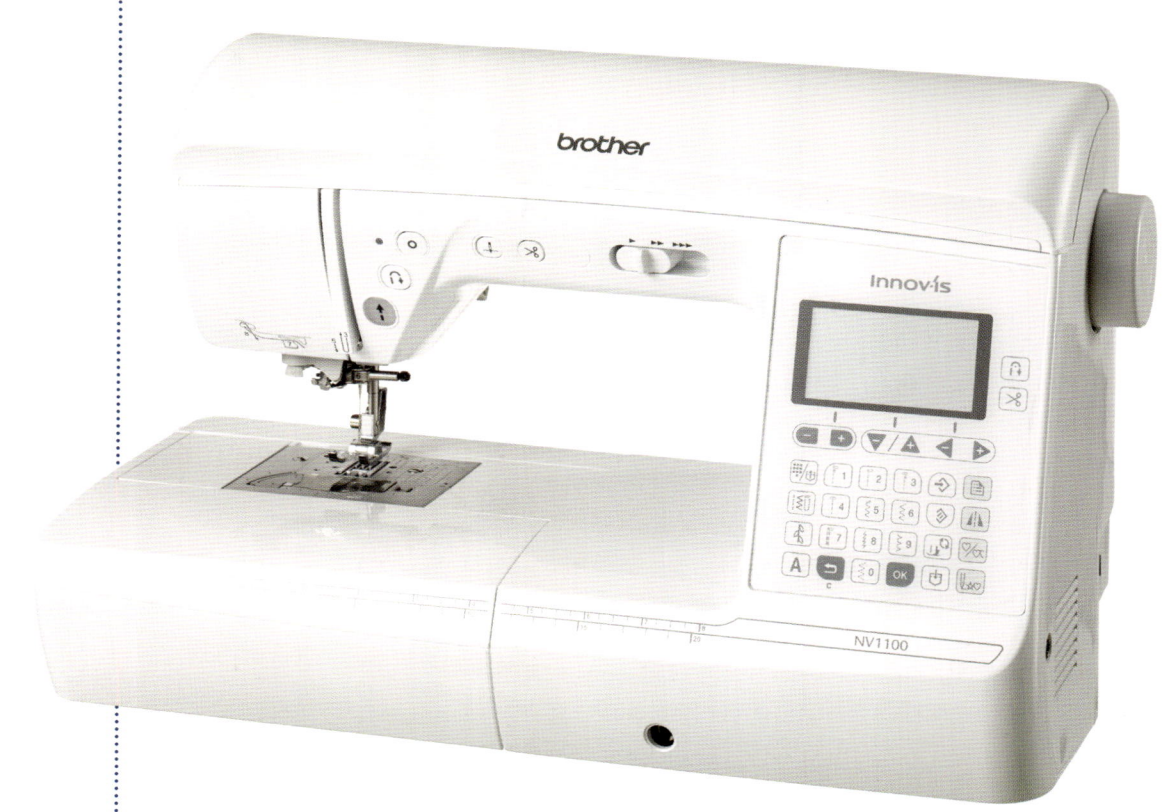

Die OVERLOCK versäubert die Nähte der Kleidungsstücke mit mindestens zwei Fäden und verhindert bei nahezu allen Stoffen das Ausfransen. Arbeitet man mit einer Overlock, die einen zusätzlichen vierten Faden hat, kann man die Nähte von T-Shirts oder Pullovern in nur einem Arbeitsschritt nähen und gleichzeitig versäubern. Die Overlock verfügt darüber hinaus über ein Messer, das Fransen und unregelmäßig geschnittene Kanten vor dem Versäubern exakt schneidet. Außerdem bietet die Overlock verschiedene Variationen der Saumverarbeitung.

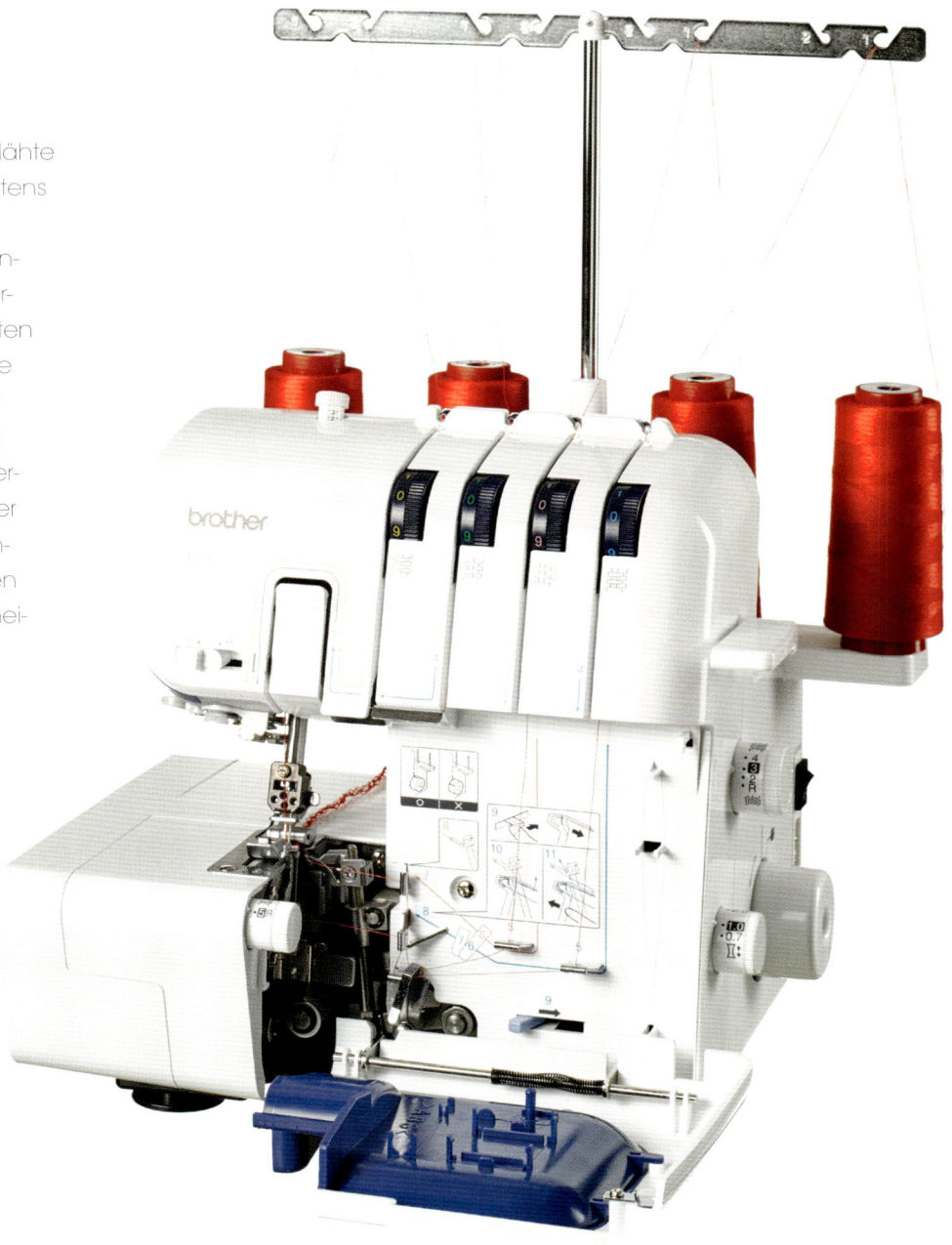

Die COVERLOCK ist in erster Linie eine reine Saummaschine, die T-Shirts und andere Kleidungsstücke aus elastischen Stoffen professionell säumt. Auf der Oberseite sieht man eine Zwillingssteppnaht, während auf der Rückseite Fadenverschlingungen die offene Stoffkante sicher und sauber umschließen. Die Coverlock verfügt darüber hinaus noch über einen anderen, sehr nützlichen Stich: den Kettenstich. Mit dem Kettenstich lassen sich alle Nähte auf elastischen Stoffen nähen, die man auch mit einer normalen Nähmaschine arbeiten würde, jedoch mit dem Unterschied, dass diese Nähte sehr dehnbar sind. Die Coverlock eignet sich darüber hinaus auch zum Absteppen von Nahtzugaben.

Es gibt darüber hinaus auch Kombimaschinen, die sich mit wenigen Handgriffen auf jeweils Over- oder Coverlock umstellen lassen. In der Praxis ist das jedoch zeitraubend, vor allem wenn man häufig näht. Wenn man an einem Projekt sitzt, bei dem man beide Maschinen abwechselnd benötigt, kann das häufige Umstellen umständlich sein und den Spaßfaktor drücken.

Bügeln

„Wer nicht gut nähen kann, der muss eben gut bügeln können." Ein Spruch, der mich schon viele Jahre begleitet. Um gut bügeln zu können, muss man gutes Werkzeug haben. Grundsätzlich unterscheidet man zwischen dem Dampf- und dem Trockenbügeln. Beim Trockenbügeln glättet bzw. presst man Stoffe oder Einlagen ohne Dampf. Das Bügeln wird nur durch Druck und Hitze vollzogen. Anwendung findet dies z.B. bei Futterstoffen oder Einlagen. Beim Dampfbügeln unterstützt der Dampf den Bügelvorgang, indem er in die Fasern eindringt und diese durch die Mischung aus Wärme und Feuchtigkeit formbar macht. Das Glätten des Stoffs wird dadurch sehr viel leichter. Solange die Textilien noch warm sind und eine Restfeuchtigkeit besitzen, sollten sie nicht bewegt werden, da das Gewebe noch nicht fixiert ist. Die Feuchtigkeit muss also zunächst vollständig aus dem Gewebe entfernt werden. Dafür gibt es sogenannte Aktivbügeltische, die mit Hilfe eines starken Ventilators den Dampf aus den Textilien absaugen. Sie können alternativ auch eine Pressplanke benutzen. Dabei handelt es sich um ein unbehandeltes Stück Holz. Es wird auf den gebügelten Stoff aufgelegt und nimmt die Restfeuchtigkeit auf. Aktivbügeltische haben zumeist noch eine Blasfunktion, die das Bügeln von Kleidungsstücken mit mehreren Lagen (Futter, Säume etc.) erleichtert. Ein Luftstrom von unten verhindert, dass sich die unteren Lagen durchdrücken und auf der rechten Seite abzeichnen. Zum Fixieren von Einlagen ist eine Bügelpresse von großem Vorteil. Die im Hobbyschneiderfachhandel erhältlichen Einlagen können mit der normalen Bügelpresse effektiv und zügig fixiert werden.

PROFITIPP: Zum Bügeln gehört in der Schneiderei das Krauseminzwasser, ein Zauberelixier, das uns Maßschneidern die Arbeit oft erleichtert. Das Minzwasser hat die besondere Fähigkeit, die Fasern wieder aufzurichten. Es entfernt Bügelglanz, fest eingebügelte Falten und Nahtlöcher mühelos. Es kann in bestimmten Fällen sogar Flecken entfernen. In einer Sprühflasche abgefüllt kann es einfach auf die Textilien aufgesprüht und je nach Zweck leicht eingerieben oder eingebürstet werden.

Garne

Nähmaschinen brauchen vernünftige Garne, damit sie gute Resultate erzielen. Sparen Sie bitte nicht an Garnen und lassen Sie sich von guten Zwirnen überzeugen. Es gibt sehr viele unterschiedliche Spinnereien, die im Handel oder exklusiv im Onlineverkauf hochmoderne Garne anbieten. Neben den verschiedenen Garnstärken gibt es auch viele verschiedene Oberflächen. Von ganz feiner, glatter Nähseide bis hin zu stark texturierten Garnen ist für jeden Zweck der passende Zwirn erhältlich. Die Firma Alterfil bietet zudem ausgerüstete Garne an, die bis vor einer Weile nur der Industrie vorbehalten waren. Die Ausrüstung sorgt für eine kräuselfreie Naht auch nach dem Waschen.

Standard-Nähfaden aus Baumwolle oder Polyester

Garnkonen für die Overlock und Coverlock

Scheren, Schneidewerkzeuge und Nahttrenner

Gute und scharfe Scheren sind ein Muss für einen ordentlichen Zuschnitt. Neben den etwas größeren Zuschneidescheren und den Papierscheren zum Ausschneiden der Schnittmuster finden sich bei uns im Atelier unzählige kleine Fadenscheren, mit denen überstehende Fadenenden abgeschnitten oder kleine Knipse gemacht werden. Neben den Scheren gibt es alternativ den Rollschneider in verschiedenen Größen. Dieser findet bei uns im Atelier seine Anwendung für exaktes Zuschneiden von z. B. Paspelstreifen. Beim Schneiden mit dem Rollschneider sollten Sie unbedingt auf eine geeignete Unterlage achten. Sie sind in verschiedenen Größen erhältlich und zumeist mit praktischen Maßeinteilungen bedruckt. Ein Nahttrenner ist ein unverzichtbares Werkzeug. Mit ihm können Sie eine Naht wieder auftrennen. Seien Sie dabei vorsichtig, um den Stoff nicht zu beschädigen.

Stoffschere

Papierschere

Fadenschere/
Stickschere

Pfeil- oder
Nahttrenner

Rollschneider

Nadeln

STECKNADELN sind beim Nähen unverzichtbar. Achten Sie darauf, dass sie möglichst fein sind. Grobe Nadeln sowie unsaubere Spitzen können das Gewebe verletzen. Stumpfe Stecknadeln sollten Sie sofort entsorgen.

NÄHNADELN zum Handnähen sollten Sie immer griffbereit haben. Mit ihnen können kurze Partien mit einem Reihfaden geheftet oder Knöpfe von Hand angenäht werden. Bei dem Shirt auf Seite 54 wird das Nähen von Hand als hochwertige Verarbeitungstechnik angewendet.

Mit NÄHMASCHINENNADELN verhält es sich wie mit den Garnen. Um Fehlstichen, brechenden Nadeln, laufenden Maschen und Löchern vorzubeugen, ist es empfehlenswert einen Satz unterschiedlicher Nähnadeln griffbereit zu haben. Sparen Sie bitte auch an dieser Stelle nicht. Billignadeln haben zumeist keine Sollbruchstellen und schießen beim Zerbrechen unkontrolliert in alle Richtungen. Die Nadelöhre sind zudem oft nicht gut entgratet, was dazu führt, dass der Oberfaden häufig reißt.

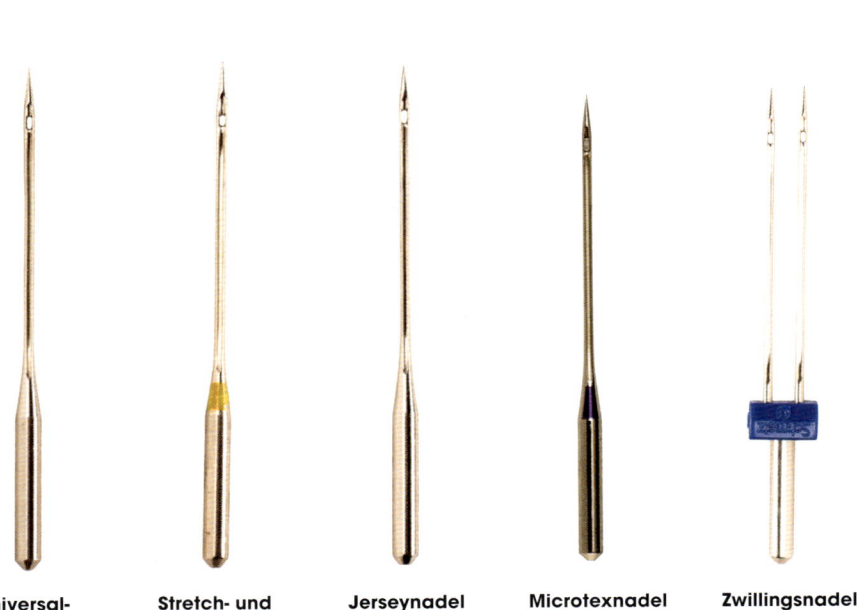

Universal-nadel   **Stretch- und Superstretchnadel**   **Jerseynadel**   **Microtexnadel**   **Zwillingsnadel**

Markierwerkzeuge

Markierwerkzeuge gibt es in vielen verschiedenen Ausführungen. Wir im Atelier verwenden in den seltensten Fällen die klassische Schneiderkreide. Sie ist unhandlich, muss ständig geschärft werden und zeichne⁻ in den seltensten Fällen genaue Linien. Viel besser sind die im Handel erhältlichen Kreideminenstifte. Die dünnen Minen werden wie bei einem Druckbleistift immer wieder nach vorne geschoben, sind spitz und ermöglichen ein exaktes Anzeichnen. Für Markierungen auf der rechten Stoffseite, die schnell entfernt werden sollen, eignet sich Sublimierkreide. Diese Chemiekreide braucht nur ein wenig Dampf, um sofort restlos zu verschwinden. Auf hellen Stoffen oder bei absolut exakt angezeichneten Nahtzugaben arbeitet man am besten mit Bleistiften, die kein Graphit enthalten. So lassen sich die Markierungen beim Waschen wieder restlos aus dem Gewebe entfernen.

Schneiderkreide

**Chemiekreide
(Sublimierkreide)**

Kreideminenstifte

Zum Anzeichnen von Nahtzugaben benutzt man am besten ein durchsichtiges Geodreieck. Damit lassen sich Nahtzugaben schnell durch eine Parallelverschiebung anzeichnen.

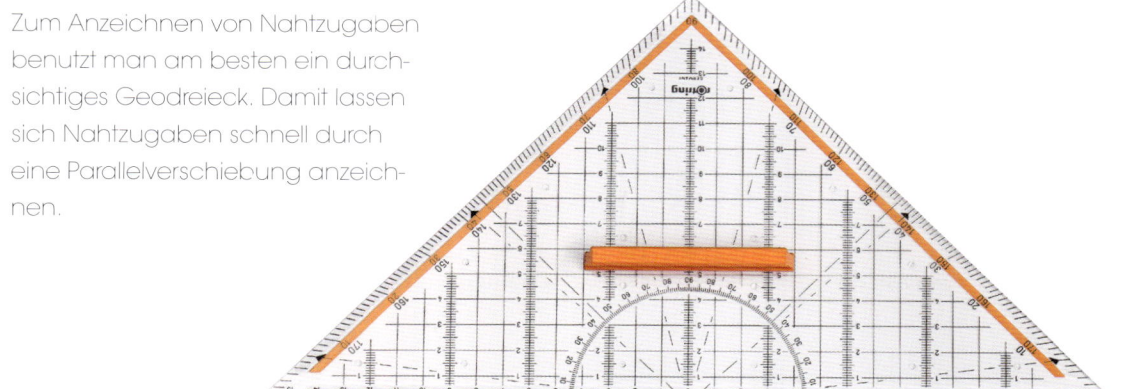

SCHNITTTECHNIK UND ZUSCHNITT

Die richtige Größe wählen

Alle Damenmodelle können Sie in den Größen 32, 36, 40, 44, 48 und 52, die Herrenmodelle in den Größen 46–60 nähen. Welche Größe für Sie die richtige ist, bestimmen Sie anhand der jeweiligen Maßtabelle. Richten Sie sich immer nach dem Brustumfang und passen Sie die Schnitte ggf. im Taillen- und Hüftbereich an (siehe „Maßanpassungen", Seite 18).

Größe Damen	32	36	40	44	48	52
Körperhöhe	167	168	169	170	171	172
Brustumfang	79	85	92	100	112	124
Taille	63	69	76	84	96	108
Hüftumfang	88	94	101	109	120	131

Größe Herren	46	48	50	52	54	56	58	60
Körperhöhe	171	174	177	179	181	183	185	187
Brustumfang	92	96	100	104	108	112	116	120
Taille	80	84	88	92,5	97	101,5	106	110,5
Hüftumfang	100	104	108	111,5	115	118,5	122	125,5

Schnittmuster kopieren

Wenn Sie die passende Größe gefunden haben, kopieren Sie den Schnitt auf Transparentpapier oder Folie. Auf den Schnittmusterbögen ist jeder Größe eine bestimmte Linienart zugeordnet. Übertragen Sie beim Kopieren auch alle Passzeichen, Markierungen und Nahtlinien vom Schnittmusterbogen auf das Schnittmuster, damit Sie sie später auf dem Stoff anzeichnen können. Außerdem sind Stoffbruch, der Fadenlauf und die Taillenlinie eingezeichnet sowie eine Markierung, an der Sie den Schnitt kürzen oder verlängern können (siehe „Maßanpassungen"). Richten Sie die Schnittmuster beim Zuschneiden immer nach dem Fadenlauf aus, der parallel zur Webkante des Stoffs verläuft. Schneiden Sie die Schnittmuster mit einer Papierschere aus.

Die Schnittmuster abwandeln

Die Damen- und die Herrenshirts werden jeweils aus einem Grundschnitt gearbeitet, der für das jeweilige Modell nach Wunsch abgewandelt wird. Nur für einige wenige Shirts wie etwa das Neckholder-Modell (Seite 30), das Shirt mit dem Wasserfallausschnitt (Seite 66), das Longsleeve mit dem Volant, die beiden Poloshirts (Seite 84 und 132) oder das Herren-Tanktop (Seite 102 und 106) gibt es der Einfachheit halber Extraschnitte, die jedoch ebenfalls auf dem jeweiligen Grundschnitt beruhen. Die Grundschnitte können durch verschiedene Ausschnitt-, Ärmel- und Saumvarianten abgewandelt werden. Welche Features bei dem jeweiligen Modell verwendet wurden, zeigt eine Übersicht zu Beginn jeder Anleitung. Wählen Sie die gewünschte Ausschnitt-, Ärmel- und Saumvariante und kopieren Sie die Schnittmuster entsprechend vom Schnittmusterbogen. Achten Sie darauf, dass Sie beim Vorder- und Rückenteil jeweils die passenden Schnittlinien wählen. Möchten Sie ein Shirt anstatt mit kurzem mit einem Dreiviertel- oder langem Ärmel arbeiten, rechnen Sie etwa 20-30 cm mehr Stoffverbrauch. Arbeiten Sie anschließend die Shirts gemäß der Anleitungen. Wenn Sie auf eine besonders hochwertige Verarbeitung Wert legen, finden Sie dazu ausgewählte Profitechniken. Zum Schluss können Sie Ihr Wunschmodell mit einer der Finish-Varianten abschließen.

Maßanpassungen

Manchmal muss ein Schnitt an die jeweilige Körperform angepasst werden, damit das fertige Kleidungsstück perfekt sitzt. Für eine Maßanpassung ist es zunächst erforderlich, die Körpermaße exakt zu ermitteln. Dazu braucht man einen Helfer, denn es ist unmöglich, sich selbst zu vermessen. Nehmen Sie die Maße mindestens zwei Mal, da man sich leicht vermessen kann.

Brustumfang (BU) Den Brustumfang messen Sie waagerecht unter den Achseln über die stärkste Stelle der Brust.

Taillenumfang (TU) Der Taillenumfang wird waagerecht an der schmalsten Stelle zwischen Brust und Hüfte gemessen.

Hüftumfang (HU) Der Hüftumfang wird waagerecht um die stärkste Stelle des Gesäßes gemessen.

Ärmellänge (1) Für die Ärmellänge misst man zunächst von der Kragenansatzlinie bis zur Handwurzel. Davon wird die Schulterbreite abgezogen, um die genaue Ärmellänge zu ermitteln.

Rückenlänge (3) Die Rückenlänge wird senkrecht vom Kragenansatz bis zur Taille gemessen. Es ist hilfreich, wenn Sie vorher ein zweites Maßband waagerecht in der Taille anlegen, um die genaue Position der Taille besser erkennen zu können. Legen Sie am Rückgrat zwischen den Schulterblättern einen Daumen unter, um den Versatz zu den Schulterblättern auszugleichen.

Vergleichen Sie die ermittelten Körpermaße mit den Maßen der Tabelle. Wenn Sie sich zwischen zwei Größen befinden, gehen Sie bei Oberteilen immer vom Brustumfang aus und passen Sie den Schnitt an den anderen Stellen an.

Beispiel: Sie haben laut Tabelle gemäß Ihres Brustumfangs Größe 40, aber nach Ihrer Taillenweite Größe 36. Lassen Sie die Seitennähte ab der Brustumfangslinie der Größe 40 in die Taillenlinie der Größe 36 laufen.

Sollte Ihre Rückenlänge von der im Schnitt angegebenen abweichen, können Sie die Taille hoch- oder heruntersetzen, indem Sie bei der Linie „hier einschneiden" den Schnitt entweder verlängern oder stauchen. Genauso können Sie mit den langen und Dreiviertelärmeln verfahren. Auf diese Art und Weise können Sie jeden Schnitt ganz individuell anpassen.

Die Schnittteile zuschneiden

Legen Sie die Schnittmusterteile auf den Stoff und fixieren Sie sie spannungs-
frei mit Stecknadeln. Achten Sie darauf, dass die Schnittmuster nach dem
Faden- bzw. Maschenlauf, der parallel zur Webkante des Stoffs verläuft,
ausgerichtet sind. Mit Markierstift werden nun die Ränder des Schnittteils
inklusive Passzeichen, Nahtlinien und ggf. Abnähern usw. mit entsprechen-
der Nahtzugabe auf den Stoff übertragen. Den Stoff schneiden Sie entlang
der gezeichneten Linien zu. Wie oft jedes Teil zugeschnitten wird, entnehmen
Sie der Übersicht bei der jeweiligen Anleitung.

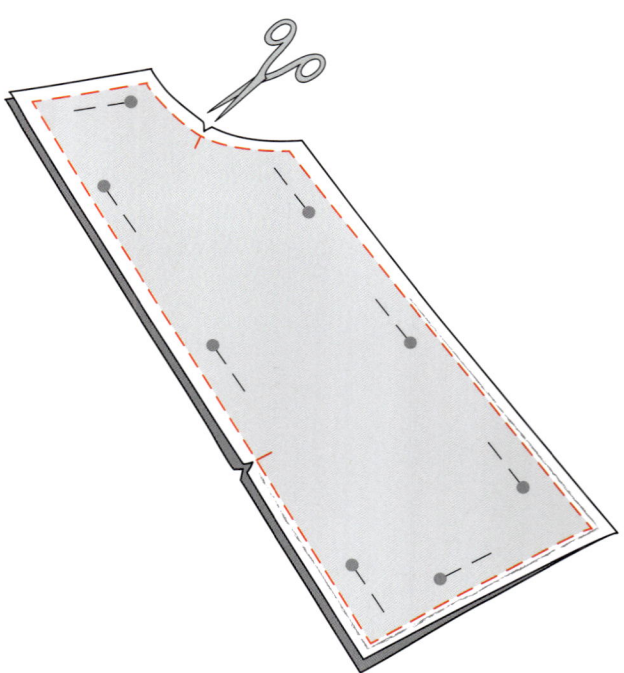

PASPELSTREIFEN UND BÜNDCHEN ZUSCHNEIDEN

Die Länge der Paspelstreifen, mit denen Hals- und Armausschnitte eingefasst werden, sowie der Bündchen für die Ärmelsäume hängt von der Größe des Modells sowie der Dehnbarkeit des verwendeten Stoffes ab. Je dehnbarer der Stoff ist, desto kürzer wird der Paspelstreifen bzw. das Bündchen zugeschnitten. Um die passende Länge des Streifens zu bestimmen, benötigt man den sogenannten Elastizitätsfaktor des jeweiligen Stoffs.

Den Elastizitätsfaktor bestimmen

Den Stoff falten und doppelt legen, dann an der Bruchkante mit zwei Stecknadeln eine Strecke von 10 cm markieren. Nun können Sie messen, wie viele Zentimeter sich der Stoff ohne große Anstrengung ziehen lässt.
Dabei gilt: 1 cm = Elastizitätsfaktor 10 %, 2 cm = Elastizitätsfaktor 20 % usw. Liegt die Elastizität deutlich unter 20 % (= 12 cm), so wählen Sie eine Konfektionsgröße größer. Liegt sie deutlich darüber, wählen Sie eine kleinere Größe.

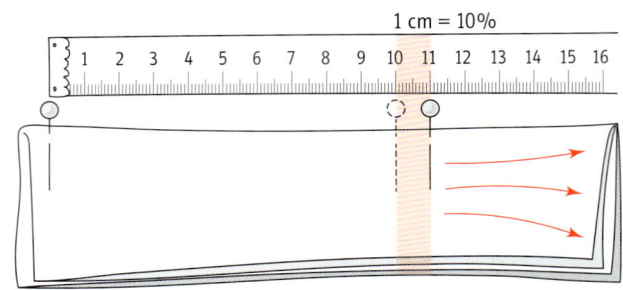

Die passende Länge ermitteln

Um die passende Länge des Paspelstreifens oder Bündchens zu berechnen, wird das Maß des Hals- oder Armausschnitts bzw. Saums um den jeweiligen Elastizitätsfaktor verringert. Dabei gelten folgende Formeln:

Elastizitätsfaktor 10 %: Ausschnittlänge x 0,9
= Paspelstreifenlänge/Bündchenlänge

Elastizitätsfaktor 20 %: Ausschnittlänge x 0,8
= Paspelstreifenlänge/Bündchenlänge

Beispiel: Der Ausschnitt misst rundherum 41 cm, der Elastizitätsfaktor des verwendeten Stoffs beträgt 10 %. 41 cm x 0,9 = 36,9 cm. Der Paspelstreifen muss also mit einer Länge von 36,9 cm zzgl. Nahtzugabe zugeschnitten werden.

TIPP: Falten Sie das Schrägband zunächst mittig der Länge nach (ggf. bügeln) und bringen Sie es dann mit Geodreieck und Rollschneider auf die gewünschte Breite.

20

Die folgenden Tabellen geben die Maße für die Ausschnitte bzw. Säume der jeweiligen Modelle sowie die schon berechneten Längen von Bündchen und Paspelstreifen mit 10 % und 20 % Elastizitätsfaktor jeweils ohne Nahtzugabe an (alle Maße in cm und z.T. leicht gerundet).

Damenshirts

Tiefer Rundhalsausschnitt

Elastizitätsfaktor \ Größe	32	36	40	44	48	52
0 (Grundmaß)	53	55	57	59,5	63	66
10%	48	49,5	51,5	53,5	56,5	59,5
20%	42,5	44	46	47,5	50	53

Hoher Rundhalsausschnitt/Rollkragen

Elastizitätsfaktor \ Größe	32	36	40	44	48	52
0 (Grundmaß)	37	37,5	38,5	40	42	44,5
10%	33	34	34,5	36	38	40
20%	29,5	30	31	32	34	35,5

V-Ausschnitt

Elastizitätsfaktor \ Größe	32	36	40	44	48	52
0 (Grundmaß)	65	66	67	68,5	70,5	73
10%	58,5	59,5	60,5	61,5	63,5	65,5
20%	52	53	53,5	54,5	56,5	58

Amerikanischer Ausschnitt (Oberkante Vorderteil)

Größe / Elastizitätsfaktor	32	36	40	44	48	52
0 (Grundmaß)	33	34,5	36	38	41,5	44,5
10%	29,5	31	32,5	34	37,5	40
20%	26	27,5	29	30,5	33	35,5

Amerikanischer Ausschnitt (Oberkante Rückenteil)

Größe / Elastizitätsfaktor	32	36	40	44	48	52
0 (Grundmaß)	44,5	46,5	48,5	49	52	56
10%	40	42	44	44,5	47,5	50,5
20%	35,5	37,5	39	39,5	42	45

Bündchen/Paspel Ärmelsaum/Ärmelblende

Größe / Elastizitätsfaktor	32	36	40	44	48	52
0 (Grundmaß)	29	31	32,5	35	38	41
10%	26	28	29	31	34	37
20%	23,5	24,5	26	28	30	33

Herrenshirts

Tiefer Rundhalsausschnitt

Größe Elastizitätsfaktor	46	48	50	52	54	56	58	60
0 (Grundmaß)	80	81	82	83,5	84,5	86	87	88
10%	72	73	74	75	76	77	78,5	79,5
20%	64	65	65,5	66,5	67,5	68,5	69,5	70,5

Tiefer Tanktop-Halsausschnitt

Größe Elastizitätsfaktor	46	48	50	52	54	56	58	60
0 (Grundmaß)	86,5	87,5	88	89,5	90,5	92	93	94,5
10%	78	78,5	79,5	80,5	81,5	83	84	85
20%	69	70	70,5	71,5	72,5	73,5	74,5	75,5

Top-Armausschnitt

Elastizitätsfaktor \ Größe	46	48	50	52	54	56	58	60
0 (Grundmaß)	127	131	135	138	142	145	148,5	145,5
10%	114,5	117,5	121,5	124,5	127,5	130,5	133,5	131
20%	101,5	104,5	108	110,5	113,5	116	119	116,5

Rundhalsausschnitt

Elastizitätsfaktor \ Größe	46	48	50	52	54	56	58	60
0 (Grundmaß)	54	55	56	57,5	58,5	60	61	62
10%	48,5	49,5	50,5	51,5	52,5	54	55	56
20%	43	44	45	46	46,5	48	49	50

V-Ausschnitt

Elastizitätsfaktor \ Größe	46	48	50	52	54	56	58	60
0	69,5	70,5	71,5	73	74	75	76	77,5
10%	62,5	63,5	64,5	65,5	66,5	67,5	68,5	69,5
20%	55,5	56,5	57	58	59	60	61	62

Polokragen

Elastizitätsfaktor / Größe	46	48	50	52	54	56	58	60
0	51	52	53	54,5	55,5	57	58	59
10%	46	47	47,5	49	50	51	52	53,5
20%	41	42	42,5	43,5	44,5	45,5	46,5	47,5

Bündchen Ärmelbündchen

Elastizitätsfaktor / Größe	46	48	50	52	54	56	58	60
0	35,5	36,5	37,5	38,5	39,5	40,5	41,5	42,5
10%	32	33	34	34,5	35,5	36,5	37,5	38,5
20%	28,5	29	30	31	31,5	32,5	33	34

Neckholder

Verdrehter Kurzärmel

Flamingo-Druck

Kurzer Ärmel

Rollkragen

Gerader Saum

Runder Saum

Gestickte Spitze

SHIRTS

Amerikanischer Ausschnitt

Bleach

Geschwungener Saum

Kurzer Ärmel mit Bündchen

V-Ausschnitt

Stickerei

Tiefer Rundhalsausschnitt

Dreiviertel-Ärmel   Seitenschlitze

Fledermausärmel

Polokragen   Mini-Ärmel

Wasserfall-Ausschnitt

DAMEN

Kurzer Ärmel mit Strickbündchen

Hoher Rundhalsausschnitt

Knopfleiste   Langer Ärmel

Schlitz   Volant   Schleife

Cut out   Einschnitt

Features

Diese Übersicht zeigt alle Features der Damenshirts, die Sie nach Belieben wie beim Baukastenprinzip kombinieren können. Möchten Sie ein Shirt abwandeln und beispielsweise mit einer anderen Ausschnitt-, Ärmel- und Saumvariante arbeiten, kopieren Sie die Schnittmuster entsprechend vom Schnittmuster-bogen. Für das Neckholder-Modell, das Shirt mit dem Wasserfallausschnitt, das Longsleeve mit dem Volant und das Poloshirt finden Sie auf dem Schnittmusterbogen der Einfachheit halber Extraschnitt-muster. Nähen Sie das Shirt gemäß den zu den jeweiligen Features passenden Anleitungsschritten der Modelle. Diese finden Sie bei dem Shirt, das Ihre Wunschfeatures aufweist.

	Stoffqualität	Stofffarbe	Kragen/Ausschnitt
Neckholder mit Flamingo-Druck	Viskosejersey	Blau	Neckholder
Rollkragenshirt mit gestickter Spitze	Strickstoff	Weiß	Rollkragen (hoher Rundhalsausschnitt)
Rundhalsshirt mit Schnalle und verdrehtem Ärmel	Viskosejersey	Grün	Rundhals mit Schnalle (tiefer Rundhalsausschnitt)
Kurzarmshirt mit Bündchen und V-Ausschnitt	Baumwolljersey-Melange	Schlamm meliert	V-Ausschnitt
Amerikanischer Ausschnitt in hochwertiger Handarbeit	Wollstoff mit hohem Kaschmiranteil	Rot	amerikanischer Ausschnitt
U-Boot-Shirt mit Kette und Bleach-Finish	Romanitjersey	Blau	U-Boot-Ausschnitt
Wasserfallshirt mit Fledermausärmeln	elastischer Seidensatin bzw. Viskosejersey	Grün gemustert bzw. Blau	Wasserfallausschnitt
Shirt mit farbigen Einfassungen und Cut-out-Technik	Doubleface-Jersey	Grau/Pink	amerikanischer Ausschnitt
Longsleeve mit Volant	Wolljersey	Orange	tiefer Rundhalsausschnitt
Klassisches Poloshirt	Baumwollpikee	Weiß	Polokragen (hoher Rundhalsausschnitt)
Shirt mit tiefem Rundhals und Schleife	Baumwolljersey	Aubergine/Grau	tiefer Rundhalsausschnitt

Ärmel	Saum	Profitechnik	Finish
ohne Ärmel (Top)	rund	Saumverarbeitung mit der Overlock	Schablonentechnik
kurzer Ärmel	gerade	–	gestickte Spitze
verdrehter Ärmel	gerade	–	–
kurzer Ärmel mit Bündchen	geschwungen	Saumverarbeitung mit der Overlock	Stickerei
Dreiviertel-Ärmel	gerade	hochwertige Handverarbeitung	–
Mini-Ärmel	gerade	–	Bleach
Fledermausärmel	gerade	–	–
kurzer Ärmel	gerade	–	Cut out
langer Ärmel	gerade	–	Volant
kurzer Ärmel	gerade (mit Schlitzen)	Polokragen nähen	–
kurzer Ärmel	gerade	–	aufgesetzte Schleife

NECKHOLDER

mit Flamingo-Druck

Bei diesem Modell wird das Rückenteil bis zur angegebenen Linie gekürzt und das Vorderteil erhält einen tiefen V-Ausschnitt, der über die verjüngte Schulter hinaus in zwei langen Bändern übergeht. Am Saum läuft das Shirt rund geschwungen aus. Der Saum wird professionell mit der Overlock verarbeitet. Als dekoratives Finish wird ein Flamingo aufgesprüht.

Stoffqualität	Stofffarbe	Kragen/Ausschnitt	Ärmel	Saum	Profitechnik	Finish
Viskosejersey	Blau	Neckholder	ohne Ärmel (Top)	rund	Saumverarbeitung mit der Overlock (siehe Schritt 4)	Schablonentechnik

MATERIAL

- Oberstoff,
  140 cm breit, 1 m
- Gummiband,
  1 cm breit, ca. 1 m
- farblich passendes
  Nähgarn

ZUSCHNITT

Vorder- und Rückenteil mit
5 mm Nahtzugabe und
2 cm Saumzugabe an der
Unterkante, das Rücken-
teil an der oberen Kante
mit 1 cm Nahtzugabe zu-
schneiden. Den vorderen
Beleg als Extraschnittteil
vom Vorderteil herausko-
pieren und wie das Vor-
derteil zuschneiden. Den
Fadenlauf beachten und
alle Passzeichen und Mar-
kierungen auf die Stoffteile
übertragen.

SCHNITTTEILE

- 1x Vorderteil
  (im Stoffbruch)
- 1x Vorderer Beleg
  (im Stoffbruch)
- 1x Rückenteil
  (im Stoffbruch)

SCHNITTMUSTERBOGEN
1A + 1B

ANLEITUNG

1 Ab Größe 44 die Abnäher im Vorderteil und vorderen Beleg schließen. Den vorderen Beleg rechts auf rechts mit Stecknadeln auf dem Vorderteil fixieren. Arm- und Halsausschnitt mit der Overlock nähen. Das Vorderteil auf rechts wenden und die Nähte ausbügeln.

2 Das Gummiband etwas kürzer als die obere Kante des Rückenteils zurechtschneiden und an der oberen Kante genau an der Schnittkante auf der linken Stoffseite auflegen. Den Gummi an den Enden halten, dehnen und mit der Overlock annähen. Die Kante mit dem Gummi auf links klappen und mit der Nähmaschine und einem elastischen Stich absteppen.

3 Die Seitennähte schließen, dabei den oberen Teil des Rückenteils mit dem vorderen Beleg verstürzen. Dazu den Rücken rechts auf rechts auf das Vorderteil stecken, danach den Beleg mit der rechten Stoffseite auf die linke Stoffseite des Rückenteils legen und die Seitennaht schließen. Das Teil wenden.

4 Zum Schluss mit der Overlock den Saum nähen. Dazu die Saumkante 2 cm nach innen bügeln und anschließend den Saum auf rechts bügeln, so dass die Schnittkante auf dem Bruch liegt. Nun das Messer an der Overlock wegklappen, so dass Sie mit drei Fäden nähen. Die Fadenspannung des Oberfadens auf 0 stellen und die Schnitt- bzw. Bruchkante nach oben zeigend durch die Maschine führen. Danach den Saum nur noch ausziehen. Durch die geringe Fadenspannung des Nadelfadens sieht man auf der rechten Seite nur Stäbchen.

Finish: Schablonentechnik

MATERIAL

- Silhouetteschablone „Flamingo" (alternativ Negativschablone aus fester Pappe)
- Textilsprühfarbe in Schwarz

Die Arbeitsfläche mit Zeitungspapier auslegen. Ein Stück feste Pappe zwischen die Stofflagen des Shirts legen. Die Schablone auf die gewünschte Position legen und die Textilfarbe aufsprühen. Trocknen lassen, die Schablone entfernen und die Farbe nach Herstelleranleitung fixieren.

ROLLKRAGENSHIRT

mit gestickter Spitze

Bei diesem Modell wurde der Grundschnitt mit dem hohen Halsausschnitt gewählt, um den Rollkragen ansetzen zu können. Als Abschluss hat das Shirt einen geraden Saum und kurze Ärmel. Der Rollkragen erhält als Finish eine Spitzenspielerei, die separat mit der Stickmaschine gefertigt und mit Druckknöpfen befestigt wird.

Stoffqualität	Stofffarbe	Kragen/ Ausschnitt	Ärmel	Saum	Profitechnik	Finish
Strickstoff	Weiß	Rollkragen (hoher Rundhals-ausschnitt)	kurzer Ärmel	gerade	–	gestickte Spitze

MATERIAL

- Oberstoff,
  140 cm breit, 1 m
- farblich passendes
  Nähgarn

HINWEIS: Sie können das Shirt mit langen Ärmeln in ein Longsleeve-Shirt verwanden. Aus weichem Strickstoff genäht, wird daraus ein gemütliches Wintershirt. Der Stoffverbrauch erhöht sich in diesem Fall auf 1,20 m.

ZUSCHNITT

Die Schnittteile mit 5 mm Nahtzugabe und 2 cm Saumzugabe an Ärmeln und Unterkante zuschneiden. Den Kragen rechtwinklig zur Webkante ohne Nahtzugabe zuschneiden. Den Fadenlauf beachten und alle Passzeichen und Markierungen auf die Stoffteile übertragen.

SCHNITTTEILE

- 1x Vorderteil
  (im Stoffbruch)
- 1x Rückenteil
  (im Stoffbruch)
- 2x Ärmel

ZUSÄTZLICH:

- 1x Zuschnitt für den
  Kragen, 15 cm breit,
  Länge siehe Seite 21

SCHNITTMUSTERBOGEN
1B + 2A

ANLEITUNG

1 Ab Größe 44 die Abnäher im Vorderteil schließen. Vorder- und Rückenteil rechts auf rechts legen und die Schulternähte mit der Overlock schließen.

2 Den Kragenstreifen für den Halsausschnitt an den schmalen Enden rechts auf rechts zusammennähen, sodass ein Ring entsteht. Den Stoff der Länge nach mittig links auf links falten und bügeln. Den Ring sowie den Halsausschnitt mit Stecknadeln jeweils in vier gleich große Abschnitte teilen. Den Kragenring nun mit Stecknadeln rechts auf rechts mit den offenen Kanten am Halsausschnitt fixieren, dabei darauf achten, dass die Stecknadelmarkierungen jeweils aufeinandertreffen. Den Streifen mit der Overlock rundherum annähen, dabei den Kragen vorsichtig dehnen, damit er an den Ausschnitt passt.

3 Die Ärmel jeweils rechts auf rechts mit Stecknadeln an der Kante des Armlochs fixieren und annähen. Die Nahtzugaben in das Oberteil bügeln.

4 Die Seiten- und Ärmelnähte rechts auf rechts mit Stecknadeln fixieren und in einem Arbeitsgang schließen. Die Nahtzugaben in das rückwärtige Teil bügeln.

5 Die Säume an den Ärmeln und an der Unterkante des T-Shirts 2 cm auf links bügeln und mit der Coverlock oder einer Zwillingsnadel von rechts absteppen.

Finish: Gestickte Spitze

MATERIAL
- Stickmaschine
- Lace-Datei nach Wunsch
- wasserlösliche Stickfolie
- Stickgarn in Kontrastfarbe
- 3 Druckknöpfe, ø 5 mm

1 Die Lace-Datei herunterladen. Für die Stickerei drei Lagen Stickfolie in einen Stickrahmen spannen und die Spitze von der Maschine sticken lassen. Dann die Folie in Wasser auflösen und die Spitze gut trocknen lassen.

2 Auf der Rückseite der Spitze an unauffälligen Stellen kleine Druckknöpfe annähen. Die Gegenstücke der Knöpfe an den entsprechenden Stellen auf dem Kragen platzieren und ebenfalls annähen.

HINWEISE: Ein direktes Aufnähen der Spitze auf den Kragen ist nicht empfehlenswert, da sich dann der Kragen zum Anziehen des Shirts nicht mehr dehnen lässt.
Es kann auch fertig gekaufte Spitze verwendet werden.

RUNDhalSShiRT
mit Schnalle und verdrehtem Ärmel

Bei diesem Modell wird das Vorderteil nicht im Stoffbruch
zugeschnitten. So entsteht in der vorderen Mitte eine
Naht, die zusätzlich zu dem tiefen Rundhalsausschnitt
eine Öffnung ermöglicht, die mit einer Schnalle gehalten
wird. Der kurze Ärmel wird an seiner Saumkante im Stoffbruch zugeschnitten, danach von oben eingeschnitten
und verdreht.

Stoffqualität	Stofffarbe	Kragen/Ausschnitt	Ärmel	Saum	Profitechnik	Finish
Viskosejersey	Grün	Rundhals mit Schnalle (tiefer Rundhals-ausschnitt)	verdrehter Ärmel (kurzer Ärmel)	gerade	–	–

MATERIAL

- Oberstoff,
  140 cm breit, 1 m
- farblich passendes
  Nähgarn
- Samtband,
  1,5-2 cm breit,
  15 cm lang
- teilbare Schnalle,
  1,5-2 cm breit

ZUSCHNITT

Die Schnittteile mit 5 mm Nahtzugabe und 2 cm Saumzugabe an der Unterkante, das Vorderteil an der vorderen Mitte mit 1 cm Nahtzugabe zuschneiden. Die Ärmel an der Saumkante im Stoffbruch zuschneiden. Den Paspelstreifen senkrecht zur Webkante ohne Nahtzugabe zuschneiden. Den Fadenlauf beachten und alle Passzeichen und Markierungen auf die Stoffteile übertragen.

SCHNITTTEILE

- 2x Vorderteil
- 1x Rückenteil
  (im Stoffbruch)
- 2x Ärmel (an der Saumkante im Stoffbruch)

ZUSÄTZLICH:

- 1x Paspelstreifen für den Halsausschnitt, 3 cm breit, Länge siehe Seite 21

SCHNITTMUSTERBOGEN
1B + 2A

ANLEITUNG

1 Die Ärmel nach dem Zuschnitt vom Schulterpasszeichen im rechten Winkel zur Saumkante bis 2 cm vor die Saumkante gerade einschneiden. Den Ärmel rechts auf rechts legen und entlang der eben eingeschnittenen Kante mit der Overlock zusammennähen. Den Ärmel auf rechts wenden und die Saumkante sowie die Naht gut ausbügeln. Nun den Ärmel einmal um die Saumkante verdrehen.

2 Ab Größe 44 die Abnäher im Vorderteil schließen. Vorder- und Rückenteil rechts auf rechts legen und die Schulternähte mit der Overlock schließen.

3 Die Ärmel jeweils rechts auf rechts mit Stecknadeln an der Kante des Armlochs fixieren und annähen, dabei darauf achten, dass die offenen Kanten des Ärmels an der Schulternaht zusammenliegen. Die Nahtzugaben in das Oberteil bügeln.

4 Die Seiten- und Ärmelnähte rechts auf rechts mit Stecknadeln fixieren und in einem Arbeitsgang schließen. Die Nahtzugaben in das rückwärtige Teil bügeln.

5 Den Paspelstreifen für den Halsausschnitt der Länge nach links auf links legen mit den offenen Kanten mit Stecknadeln am Halsausschnitt fixieren. Die Paspel mit der Overlock annähen, dabei den Streifen gleichmäßig dehnen.

6 Die vorderen Kanten des Shirts mit der Overlock versäubern. Die Naht an der vorderen Mitte am Saum beginnend mit einem elastischen Stich bis 10-15 cm nach Wunsch unter der vorderen Ausschnittkante schließen, die Naht gut verriegeln. Die Nahtzugaben auseinanderbügeln und die noch offenen Kanten der vorderen Mitte im weiteren Verlauf 1 cm umbügeln. Die gesamte Kante absteppen.

6 Den Saum 2 cm auf links bügeln und mit der Coverlock oder einer Zwillingsnadel von rechts annähen.

7 Das Samtband in zwei Hälften schneiden (die Länge ggf. anpassen) und diese jeweils in die Schnalle einfädeln. Die Bandenden nach innen umschlagen, mit Stecknadeln auf der oberen Ausschnittkante fixieren und absteppen.

KURZARMSHIRT

mit Bündchen und V-Ausschnitt

Dieses Modell besteht aus dem Vorderteilgrundschnitt
mit V- Ausschnitt und geschwungenem Saum. Der
kurze Ärmel wird mit einem Bündchen abgeschlossen.
Die seitliche Ärmelöffnung wird mit einem Knopf
und einer Schlaufe geschlossen. Sein kreatives Finish
erhält das Shirt durch eine Stickerei.

Stoffqualität	Stofffarbe	Kragen/ Ausschnitt	Ärmel	Saum	Profitechnik	Finish
Baumwoll-jersey-Melange	Schlamm meliert	V-Ausschnitt	kurzer Ärmel mit Bündchen	ge-schwun-gen	Saumverarbeitung mit der Overlock (siehe Schritt 5)	Stickerei

MATERIAL

- Oberstoff,
  140 cm breit, 1 m
- 2 Kugelknöpfe, ø 1 cm
- farblich passendes
  Nähgarn

ZUSCHNITT

Vorder- und Rückenteil mit
5 mm Nahtzugabe und
2 cm Saumzugabe an der
Unterkante zuschneiden.
Die Ärmel mit 5 mm Naht-
zugabe und 5 mm Saum-
zugabe zuschneiden. Den
Paspelstreifen und die
Bündchen senkrecht zur
Webkante ohne Nahtzu-
gabe zuschneiden. Den
Fadenlauf beachten und
alle Passzeichen und Mar-
kierungen auf die Stoffteile
übertragen.

SCHNITTTEILE

- 1x Vorderteil
  (im Stoffbruch)
- 1x Rückenteil
  (im Stoffbruch)
- 2x Ärmel
ZUSÄTZLICH:
- 2x Bündchen für die
  Ärmelsäume, 5 cm breit,
  Länge siehe Seite 22
- 1x Paspelstreifen für
  den Halsausschnitt,
  3 cm breit, Länge siehe
  Seite 21

SCHNITTMUSTERBOGEN
1B + 2A

ANLEITUNG

1 Ab Größe 44 die Abnäher im Vorderteil schließen. Vorder- und Rückenteil rechts auf rechts legen und die Schulternähte mit der Overlock schließen.

2 Für den V-Ausschnitt den Paspelstreifen an den schmalen Enden rechts auf rechts zusammennähen, sodass ein Ring entsteht. Den Stoff der Länge nach mittig links auf links falten und bügeln. Den Ring sowie den Halsausschnitt mit Stecknadeln jeweils in vier gleich große Abschnitte teilen. Den Paspelring nun mit Stecknadeln rechts auf rechts mit den offenen Kanten am Halsausschnitt fixieren, dabei darauf achten, dass die Stecknadelmarkierungen jeweils aufeinandertreffen. Den Streifen mit der Overlock rundherum annähen, dabei den Stoff vorsichtig dehnen, damit die Paspel an den Ausschnitt passt. Damit an der Ausschnittspitze ein V entsteht, den Paspelstreifen nun mit der Nähmaschine an der spitzen Stelle von rechts im 45-Grad-Winkel bis zur Naht abnähen. Die so entstandene „Tüte" mit dem Bügeleisen flach bügeln.

3 Die Ärmel im rechten Winkel zur Saumkante in Richtung des Schulterzeichens bis ca. 5 cm vor der Schulter einschneiden. Das Bündchen mit den schmalen Seiten bündig an die Schnittkante anlegen und rund um den Ärmelsaum annähen. An den Kanten des Einschnitts den Streifen rechts auf rechts falten und die Nahtzugabe der noch offenen Kante nach innen legen. Die Bündchenenden mit der Overlock abnähen, im selben Arbeitsschritt die Kanten des Einschnitts versäubern und zum Schluss auf der anderen Seite die Bündchenkante schließen. Das Bündchen auf rechts wenden, die noch offene Kante mit Stecknadeln auf der eben genähten Naht fixieren oder heften. Die Einschnittkanten nach innen bügeln und in einem Arbeitsgang mit der offenen Bündchenkante absteppen.

4 Auf einer Seite der Bündchenkante einen Kugelknopf annähen und auf der gegenüberliegenden Seite eine Schlinge nähen. Dafür mit einem festen Faden der Stärke 40 oder 30 fünf lockere Schlaufen stechen und zum Schluss mit einem Knopflochstich umstechen.

5 Zum Schluss mit der Overlock den Saum nähen. Dazu die Saumkante 2 cm nach innen bügeln und anschließend den Saum auf rechts bügeln, so dass die Schnittkante auf dem Bruch liegt. Nun das Messer an der Overlock wegklappen, so dass Sie mit drei Fäden nähen. Die Fadenspannung des Oberfadens auf 0 stellen und die Schnitt- bzw. Bruchkante nach oben zeigend durch die Maschine führen. Danach den Saum nur noch ausziehen. Durch die geringe Fadenspannung des Nadelfadens sieht man auf der rechten Seite nur Stäbchen.

Finish: Stickerei

MATERIAL

- Stickmaschine, alternativ Nähmaschine mit Stick-funktion oder Sticknadel
- farblich passendes Stickgarn
- Stickvlies mit Klebeseite

Beim Besticken von Jersey zunächst ein Stück Stickvlies als Unterlage auf die linke Stoffseite der zu besticken-den Stelle nach Herstelleranleitung fixieren. So kann sich der Stoff während des Stickvorgangs nicht verziehen. Nun mit der Stickmaschi-ne, mit der Nähmaschine oder von Hand ein Motiv nach Wunsch aufsticken.

TIPP: Beim Besticken von T-Shirts eigenen sich weichere Garne besser als beispielsweise Metallic-garne.

AMERIKANISCHER AUSSCHNITT

in hochwertiger Handarbeit

Dieses Shirt ist mit amerikanischem Ausschnitt und Dreiviertelärmel gearbeitet. Der Saum ist gerade. Der edle Wollstoff mit einem hohen Kaschmiranteil und die hochwertige Handarbeit am Ausschnitt machen das Shirt zu etwas ganz Besonderem.

Stoffqualität	Stofffarbe	Kragen/ Ausschnitt	Ärmel	Saum	Profitechnik	Finish
Wollstoff mit hohem Kaschmir- anteil	Rot	amerika- nischer Ausschnitt	Drei- viertel- Ärmel	gerade	hochwertige Handverarbeitung (siehe Schritt 2 und 3)	–

MATERIAL

- Oberstoff,
  140 cm breit, 1,20 m
- farblich passendes
  Nähgarn

ZUSCHNITT

Den rückwärtigen Beleg
als Extraschnittteil vom Rückenteil herauskopieren.
Alle Schnittteile mit 5 mm
Nahtzugabe und 2 cm
Saumzugabe an Ärmeln
und Unterkante zuschnei-
den, an der Oberkante
des Vorderteils 1 cm anstel-
len. Den Fadenlauf beach-
ten und alle Passzeichen
und Markierungen auf die
Stoffteile übertragen.

SCHNITTTEILE

- 1x Vorderteil
  (im Stoffbruch)
- 1x Rückenteil
  (im Stoffbruch)
- 1x Rückwärtiger Beleg
  (im Stoffbruch)
- 2x Ärmel

SCHNITTMUSTERBOGEN
1B + 2A

ANLEITUNG

1 Den Beleg des Rückenteils an der Unterkante mit der Overlock versäubern. Den Beleg anschließend rechts auf rechts mit Stecknadeln auf dem Rückteil fixieren und die obere Kante mit der Overlock nähen. Den Beleg auf rechts wenden und bügeln.

2 Die Ausschnittkante des Vorderteils zweimal je 5 mm umbügeln und unsichtbar von innen von Hand anstaffieren (im Blindstich nähen), dazu mit farblich passendem, dünnem Nähgarn jeweils einmal in die Bruchkante der Ausschnittkante einstechen, auf der gegenüberliegenden Seite ganz vorsichtig das Gewebe anstechen und den Faden mit ganz leichtem Zug anziehen. Der Stich sollte auf der Vorderseite unsichtbar sein.

3 Ab Größe 44 die Abnäher im Vorderteil schließen. An den Schultern das überlappende Rückenteil links auf rechts gemäß Markierung auf das Vorderteil legen und mit Stecknadeln fixieren. Nun von Hand mit einem Rückstich das Rückenteil an der Schulter mit dem Vorderteil verbinden, anschließend die rückwärtige Ausschnittkante von Hand steppen und zum Schluss an der gegenüberliegenden Schulter das Rückenteil mit dem Vorderteil wieder mit Rückstich annähen. Für den Rückstich mit dem Nähfaden von oben nah an der Kante durch den Stoff einstechen und ca. 5 mm weiter vorn die Nadel wieder nach oben führen. Nun ca. 1 mm vor dieser Stelle erneut einstechen usw. Auf der rechten Seite entsteht so ein kleiner Punkt, daher wird dieser Stich auch Punktstich genannt. Die Kanten, die auf dem Vorderteil liegen, nun anstaffieren (siehe Schritt 2), um diese fest zu verbinden.

4 Die Ärmel jeweils rechts auf rechts mit Stecknadeln an der Kante des Armlochs fixieren und annähen. Die Nahtzugaben in den Ärmel bügeln.

5 Die Seiten- und Ärmelnähte rechts auf rechts mit Stecknadeln fixieren und in einem Arbeitsgang schließen. Die Nahtzugaben in das rückwärtige Teil bügeln.

6 Die Saumkanten umbügeln und von Hand unsichtbar anstaffieren.

U-Boot-Shirt

mit Kette und Bleach-Finish

Bei diesem Shirt wurde der Vorder- und Rückenteil-grundschnitt mit geradem Saum und U-Boot-Ausschnitt gewählt. Die Ärmel sind sehr kurz. Zur Veredelung des Ausschnitts wurde eine Kette aufgesetzt. Als kreatives Finish wurde der Saum gebleicht.

Stoffqualität	Stofffarbe	Kragen/Ausschnitt	Ärmel	Saum	Profitechnik	Finish
Romanit-jersey	Blau	U-Boot-Ausschnitt	Mini-Ärmel	gerade	–	Bleachen

MATERIAL

- Oberstoff,
  140 cm breit, 1 m
- Kette aus Metall, ca.
  7 mm breit, 1 m lang

HINWEIS: Im Handel sind Ketten mit thermofixierbarer Rückseite erhältlich, die einfach aufgebügelt werden. Alternativ kann man die Kette auch von Hand annähen.

ZUSCHNITT

Vorderen und rückwärtigen Beleg als Extraschnittteile vom Vorder- bzw. Rückenteil herauskopieren. Alle Schnittteile mit 5 mm Nahtzugabe und 2 cm Saumzugabe an Ärmeln und Unterkante zuschneiden. Den Fadenlauf beachten und alle Passzeichen und Markierungen auf die Stoffteile übertragen.

SCHNITTTEILE

- 1x Vorderteil
  (im Stoffbruch)
- 1x Rückenteil
  (im Stoffbruch)
- 1x Vorderer Beleg
  (im Stoffbruch)
- 1x Rückwärtiger Beleg
  (im Stoffbruch)
- 2x Ärmel

SCHNITTMUSTERBOGEN
1B + 2A

ANLEITUNG

1 Ab Größe 44 die Abnäher im Vorderteil schließen. Die Schulternähte der Belege sowie von Vorder- und Rückenteil schließen. Den Beleg rechts auf rechts mit der Overlock auf den Halsausschnitt des Shirts nähen. Wenden, die Nahtzugaben in den Beleg bügeln und absteppen. Den Beleg am Armloch feststecken.

2 Die Ärmel jeweils rechts auf rechts mit Stecknadeln an der Kante des Armlochs fixieren und annähen. Die Nahtzugaben in das Oberteil bügeln.

3 Die Seiten- und Ärmelnähte rechts auf rechts mit Stecknadeln fixieren und in einem Arbeitsgang schließen. Die Nahtzugaben in das rückwärtige Teil bügeln.

4 Die Säume an den Ärmeln und an der Unterkante des T-Shirts 2 cm auf links bügeln und mit der Coverlock oder einer Zwillingsnadel von rechts absteppen.

5 Die Kette auf die passende Länge bringen und gemäß Hersteller-anleitung fixieren oder von Hand annähen.

Finish: Bleachen

MATERIAL
- Chlorbleiche für den Haushalt
- kleine Wanne

HINWEIS: Jeder Stoff bleicht anders aus, daher empfiehlt es sich, vorher an einem Reststück eine Probe zu machen.

Die Bleiche in eine kleine Wanne geben. Das Shirt auf einen Bügel hängen und so über die Wanne hängen, dass sich der Saum in der Bleiche befindet. Der Stoff saugt nun von unten nach oben die Bleiche auf. Je mehr Bleiche Sie verwenden und je länger Sie das Shirt in der Flüssigkeit lassen, desto höher bleicht der Stoff aus. Das Shirt nach dem Bleichen trocknen lassen und nach dem Trocknen unbedingt separat waschen!

TIPP: Wenn der Stoff weniger saugfähig ist, können Sie auch eine Schablone schneiden, wie beim Färben auf die entsprechende Stelle auflegen. Dann die Bleiche in einen Zerstäuber füllen und aufsprühen.

WASSERFALLSHIRT

mit Fledermausärmeln

Auch der Schnitt für dieses Shirt beruht auf dem Grundschnitt. Dieser wurde allerdings so aufgedreht, dass ein eleganter Wasserfallausschnitt entsteht. Die Schultern wurden leicht überschnitten und bilden einen kleinen Fledermausärmel. Für dieses Modell finden Sie die Schnittmuster separat auf dem Schnittmusterbogen.

Stoffqualität	Stofffarbe	Kragen/Ausschnitt	Ärmel	Saum	Profitechnik	Finish
elastischer Seidensatin bzw. Viskosejersey	Grün gemustert bzw. Blau	Wasserfall-ausschnitt	Fleder-maus-ärmel	gerade	–	–

MATERIAL

- Oberstoff,
  140 cm breit, 1,20 m
- farblich passendes
  Nähgarn

ZUSCHNITT

Den rückwärtigen Beleg
als Extraschnittteil vom Rückenteil herauskopieren.
Der Beleg am Vorderteil
wird angeschnitten; dazu
den Vorderteilbeleg als
Extraschnittmuster herauskopieren und an der Aus-
schnittkante gespiegelt
ankleben. Alle Schnittteile
mit 5 mm Nahtzugabe
und 2 cm Saumzugabe
an der Unterkante zu-
schneiden. Den Fadenlauf
beachten und alle Passzeichen und Markierungen
auf die Stoffteile übertragen.

SCHNITTTEILE

- 1x Vorderteil mit an-
  geschnittenem Beleg
  (im Stoffbruch)
- 1x Rückenteil
  (im Stoffbruch)
- 1x Rückwärtiger Beleg
  (im Stoffbruch)

SCHNITTMUSTERBOGEN
1B + 2A

ANLEITUNG

1 Den rückwärtigen Beleg rechts auf rechts mit Stecknadeln auf dem rückwärtigen Halsausschnitt fixieren und annähen. Die Nahtzugabe in Richtung des Belegs bügeln und dort knappkantig von rechts absteppen.

2 Den vorderen, angeschnittenen Beleg links auf links an der Oberkante des Vorderteils umklappen. Die Schulternähte des rückwärtigen Belegs rechts auf rechts mit Stecknadeln auf den Schulternähten des Vorderteils fixieren und mit der Overlock annähen. Das Shirt auf rechts wenden.

3 Die Seitennähte des Belegs und die Seitennähte des Shirts rechts auf rechts mit Stecknadeln fixieren und nähen.

4 Die Armlöcher nach innen ziehen. Die Schnittkanten des Belegs rechts auf rechts mit Stecknadeln auf den Schnittkanten des Rumpfarmlochs fixieren und rundherum mit der Overlock nähen. Die Nantzugaben in Richtung des Belegs bügeln und dort von rechts steppen.

5 Den Saum an der Unterkante des Shirts 2 cm auf links bügeln und mit der Coverlock oder einer Zwillingsnadel von rechts absteppen.

Shirt mit farbigen Einfassungen und Cut-out-Technik

Der Stoff für dieses Modell mit amerikanischem Ausschnitt, geradem Saum und kurzen Ärmeln hat zwei verschiedenfarbige Seiten. Durch diesen Doubleface-Effekt entsteht ein interessanter Look. Die Kanten an Saum und Halsausschnitt werden mit einem Paspelstreifen in der jeweils anderen Farbe eingefasst und der Rücken ist mit effektvoller Cut-out-Technik gestaltet.

Stoffqualität	Stofffarbe	Kragen/ Ausschnitt	Ärmel	Saum	Profitechnik	Finish
Doubleface-Jersey	Grau/Pink	amerikanischer Ausschnitt	kurzer Ärmel	gerade	–	Cut out

MATERIAL

- Oberstoff, 140 cm breit, 1 m
- 2 Knöpfe, ⌀ 1 cm
- farblich passendes Nähgarn

ZUSCHNITT

Alle Schnittteile außer den Paspelstreifen mit 5 mm Nahtzugabe und 2 cm Saumzugabe an Unterkante und Ärmeln zuschneiden. Die Paspelstreifen senkrecht zur Webkante ohne Nahtzugabe zuschneiden. Den Fadenlauf beachten und alle Passzeichen und Markierungen auf die Stoffteile übertragen.

SCHNITTTEILE

- 1x Vorderteil (im Stoffbruch)
- 1x Rückenteil (im Stoffbruch)
- 2x Ärmel

ZUSÄTZLICH:

- 2x Paspelstreifen für die Ärmelsäume, 3 cm breit, Länge siehe Seite 22
- 1x Paspelstreifen für die Oberkante des Vorderteils, 3 cm breit, Länge siehe Seite 22
- 1x Paspelstreifen für die Oberkante des Rückenteils, 3 cm breit, Länge siehe Seite 22
- 1x Paspelstreifen für den Saum, 3 cm breit, Länge siehe Schritt 1

SCHNITTMUSTERBOGEN 1B + 2A

ANLEITUNG

1 Für den T-Shirt-Saum die Unterkanten von Vorder- und Rückenteil messen und 3 cm breite Paspelstreifen in der passenden Länge zuschneiden (siehe Seite 20).

2 Die Paspelstreifen für die Säume an Ober- und Unterkanten sowie Ärmeln längs mittig links auf links bügeln. Mit den offenen Kanten rechts auf rechts auf die Schnittkanten der entsprechenden Teile legen und mit der Overlock annähen. Die Nahtzugaben immer in das jeweilige Teil bügeln und von rechts mit elastischem Stich absteppen.

3 Ab Größe 44 die Abnäher im Vorderteil schließen. An den Schultern das überlappende Rückenteil links auf rechts gemäß Markierung auf das Vorderteil heften.

4 Die Ärmel jeweils rechts auf rechts mit Stecknadeln an der Kante des Armlochs fixieren und annähen. Die Nahtzugaben in das Oberteil bügeln.

5 Die Seiten- und Ärmelnähte rechts auf rechts mit Stecknadeln fixieren und in einem Arbeitsgang schließen. Die Nahtzugaben in das rückwärtige Teil bügeln.

6 Damit der Ausschnitt am vorderen Halsbereich nicht aufklafft, Vorder- und Rückenteil am Schnittpunkt der Paspelstreifen mit jeweils einem Knopf zusammennähen.

Finish: Cut out

HINWEIS: Diese Technik wirkt bei Doubleface-Stoffen besonders gut, da durch das Dehnen des Materials die andersfarbige Innenseite des Stoffes sichtbar wird.

1 Das Rückenteil in der rückwärtigen Mitte in den Stoffbruch legen und parallel vom Bruch in Richtung Seitennaht einschneiden. Die Schnitte sollten von oben nach unten immer kürzer werden.

2 Das Rückenteil aufklappen und die einzelnen Stränge in die Länge ziehen. Dadurch werden sie schmal und können verflochten werden.

3 Den obersten Strang in der Mitte zu einer Schlaufe verdrehen. Den nächsten Strang durch die Schlaufe ziehen und einmal verdrehen. Durch diese Schlaufe wiederum den nächsten Strang ziehen und verdrehen usw. Den letzten Strang in der Mitte durchschneiden. Die beiden Enden durch die letzte Schlaufe ziehen und verknoten, um das Geflecht zu fixieren.

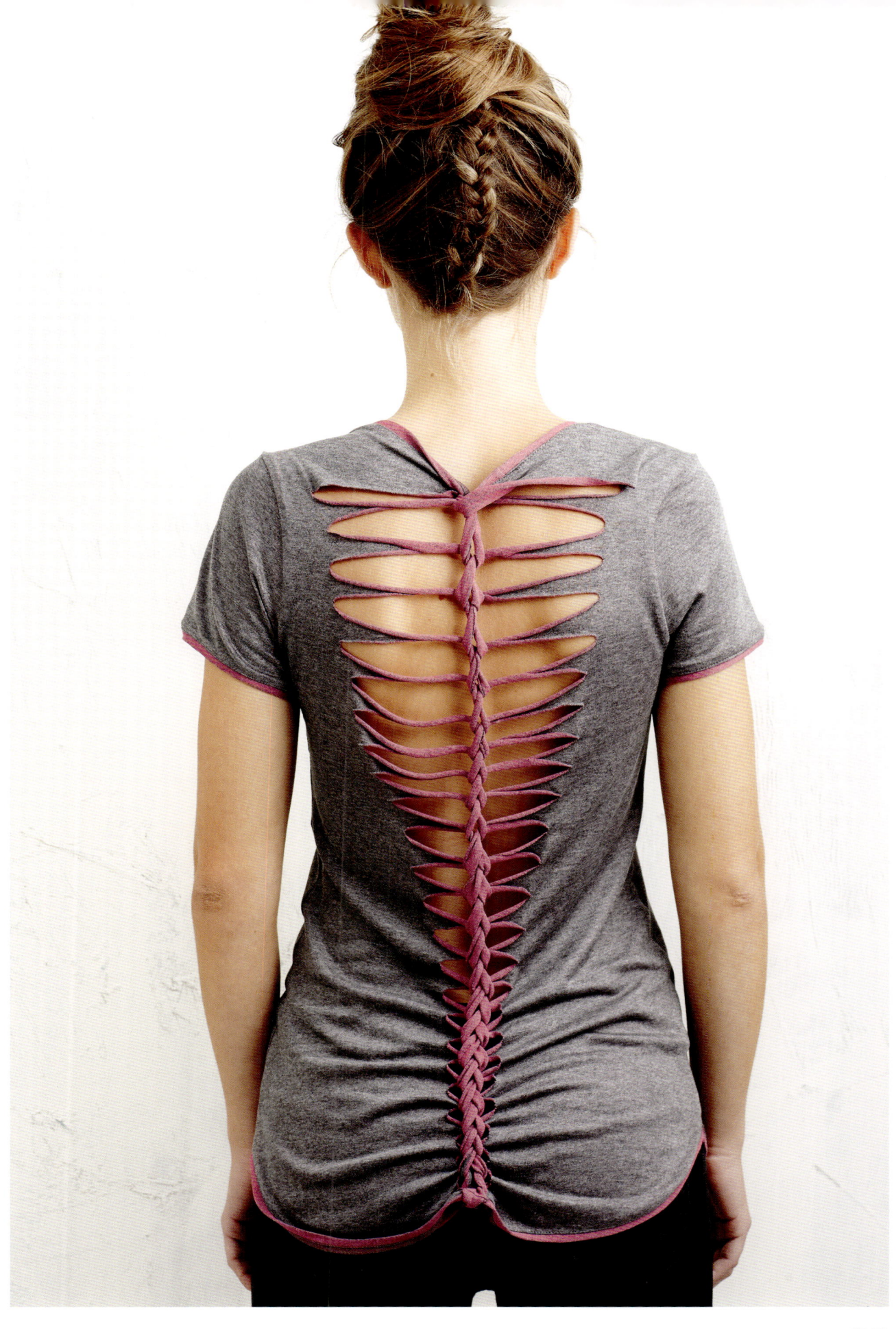

LONGSLEEVE
mit Volant

Bei diesem Longsleeve-Shirt mit Rundhalsausschnitt und geradem Saum erhält das Vorderteil eine Teilungsnaht, die als dekoratives Finish mit einem Rüschenband verziert wird.

Stoffqualität	Stofffarbe	Kragen/Ausschnitt	Ärmel	Saum	Profitechnik	Finish
Wolljersey	Orange	tiefer Rundhals-ausschnitt	langer Ärmel	gerade	–	Volant

MATERIAL

- Oberstoff,
  140 cm breit, 1,20 m
- farblich passendes
  Nähgarn

ZUSCHNITT

Alle Schnittteile außer dem
Paspelstreifen für den Halsausschnitt und dem Volant
mit 5 mm Nahtzugabe
und 2 cm Saumzugabe
an Unterkante und Ärmeln
zuschneiden. Den Paspel-
streifen senkrecht zur Webkante ohne Nahtzugabe
zuschneiden. Den Faden-
lauf beachten und alle
Passzeichen und Markie-
rungen auf die Stoffteile
übertragen.

SCHNITTTEILE

- 1x Oberes Vorderteil
- 1x Unteres Vorderteil
- 1x Rückenteil
  (im Stoffbruch)
- 2x Ärmel

ZUSÄTZLICH:

- 1x Volant, 7 cm breit,
  Länge je nach Kon-
  fektionsgröße (siehe
  Schritt 3)
- 1x Paspelstreifen für
  den Halsausschnitt,
  3 cm breit, Länge siehe
  Seite 21

SCHNITTMUSTERBOGEN
1B + 2A

ANLEITUNG

1 Ab Größe 44 die Abnäher im Vorderteil schließen. Oberes Vorderteil und Rückenteil rechts auf rechts legen und die Schulternähte mit der Overlock schließen.

2 Den Paspelstreifen für den Halsausschnitt an den schmalen Enden rechts auf rechts zusammennähen, sodass ein Ring entsteht. Den Stoff der Länge nach mittig links auf links falten und bügeln. Den Ring sowie den Halsausschnitt mit Stecknadeln jeweils in vier gleich große Abschnitte teilen. Den Paspelring nun mit Stecknadeln rechts auf rechts mit den offenen Kanten am Halsausschnitt fixieren, dabei darauf achten, dass die Stecknadelmarkierungen jeweils aufeinandertreffen. Den Streifen mit der Overlock rundherum annähen, dabei den Stoff vorsichtig dehnen, damit die Paspel an den Ausschnitt passt. Die Nahtzugaben des Halsausschnittbündchens in das T-Shirt bügeln und knappkantig mit dem Kettenstich der Coverlock oder einem elastischen Stich der Nähmaschine von rechts absteppen.

3 Für den Volant auf einem Reststück Stoff ein 7 cm breites Band spiralförmig anzeichnen. Die Länge der inneren Kante entspricht der Länge der Teilungsnaht. Die so entstandene „Schnecke" an der gezeichneten Linie aufschneiden, sodass ein 7 cm breiter Volant entsteht (eine Videoanleitung zum Zuschnitt des Volants finden Sie unter dem QR-Code oder unter www.sebastian-hoofs.de) Den Volant an der langen Außenkante mit einem Rollsaum versäubern, dazu die entsprechende Funktion der Overlock verwenden und beim Versäubern den Transporteur auf maximales Dehnen einstellen. Die kürzere Innenkante des Volants mit der Overlock mit einem Überwendlingsstich versäubern, dabei den Transporteur auf maximales Einhalten einstellen.

4 Das Rüschenband mit der kurzen Innenkante rechts auf rechts mit Stecknadeln an der Teilungskante des oberen Vorderteils fixieren, ggf. mit großem Stich heften. Das untere Vorderteil an der Teilungskante rechts auf rechts auflegen, so dass das Rüschenband zwischen den beiden Stofflagen liegt. Die Teilungsnaht schließen, dabei das Rüschenband mitfassen. Die Nahtzugaben in das untere Vorderteil bügeln und die Naht von rechts knappkantig absteppen.

6 Die Ärmel jeweils rechts auf rechts mit Stecknadeln an der Kante des Armlochs fixieren und annähen, dabei am linken Armloch das obere Volantende mitfassen. Die Nahtzugaben in das Oberteil bügeln.

7 Die Seiten- und Ärmelnähte rechts auf rechts mit Stecknadeln fixieren und in einem Arbeitsgang schließen, abei das untere Volantende mitfassen. Die Nahtzugaben in das rückwärtige Teil bügeln.

8 Die Säume an den Ärmeln und an der Unterkante des Shirts 2 cm auf links bügeln und mit der Coverlock oder einer Zwillingsnadel von rechts absteppen.

Video zum Zuschneiden des Volants unter: www.topp-kreativ.de/ downloadcenter oder diesen QR-Code scannen.

Klassisches
POLOSHIRT

Der Schnitt für das klassische Poloshirt wurde aus dem Grundschnitt mit hohem Halsausschnitt entwickelt, findet sich aber auch separat auf dem Schnittmusterbogen. Der gerade Saum kann nach Wunsch seitlich durch Schlitze unterbrochen werden. Traditionell werden Poloshirts aus Baumwollpikee gearbeitet.

Stoffqualität	Stofffarbe	Kragen/ Ausschnitt	Ärmel	Saum	Profitechnik	Finish
Baumwoll-pikee	Weiß	Polokragen (hoher Rundhals-ausschnitt)	kurzer Ärmel	gerade (mit Schlitzen)	–	–

MATERIAL

- Oberstoff, 140 cm breit, 1 m
- Polokragen aus Strickware
- Strickbündchenware (Ärmelsäume), 6 cm breit, 80 cm
- 2 Knöpfe, ø 1,3 cm
- farblich passendes Nähgarn

HINWEIS: Falls Sie keinen fertigen Polokragen zur Hand haben, können Sie mit Hilfe des Kragenschnittmusters (siehe Zuschnitt) einen Polokragen aus Oberstoff selbst nähen (siehe Seite 140).

ZUSCHNITT

Den rückwärtigen Beleg als Extraschnittteil vom Rückenteil herauskopieren. Vorderteil, Rückenteil und rückwärtigen Beleg mit 5 mm Nahtzugabe und 2 cm Saumzugabe zuschneiden. Die Ärmel mit 5 mm Nahtzugabe zuschneiden. Paspelstreifen, Schlitzblenden, Knopfleiste und Ärmelbündchen ohne Nahtzugabe und den Paspelstreifen senkrecht zur Webkante zuschneiden. Den Fadenlauf beachten und alle Passzeichen und Markierungen auf die Stoffteile übertragen.

SCHNITTTEILE

- 1x Vorderteil (im Stoffbruch)
- 1x Rückenteil (im Stoffbruch)
- 1x Rückwärtiger Beleg (im Stoffbruch)
- 2x Ärmel
- 2x Knopfleiste
- 2x Kragen (optional, im Stoffbruch; siehe Hinweis)

ZUSÄTZLICH:

- 1x Paspelstreifen für den Halsausschnitt, 3 cm breit, Länge wie untere Kragenkante
- 2x Strickbündchenstreifen für die Ärmelsäume, 6 cm breit, Länge siehe Seite 22
- 2x Schlitzblende, 3 cm breit, 20 cm lang (optional)

SCHNITTMUSTERBOGEN 1B + 2A

ANLEITUNG

1 Den rückwärtigen Beleg versäubern und links auf links entlang der unteren, runden Kante auf das Rückenteil steppen.

2 Ober- und Untertritt der Knopfleiste an den markierten Linien am Vorderteil annähen, dabei auf den Nahtlinien steppen und die Nähte jeweils am Anfang und Ende sorgfältig verriegeln. Das Vorderteil nun exakt in der Mitte zwischen den Nähten von Ober- und Untertritt bis ca. 1,5 cm vor Schlitzende aufschneiden und anschließend schräg zu den Ecken einschneiden, sodass ein Dreieck entsteht. Ober- und Untertritt zum Schlitz umbügeln, so dass sie beide in der vorderen Mitte übereinanderliegen, die unteren Kanten exakt aufeinanderpassen und ein Poloverschluss entsteht. Das beim Einschneiden entstandene Dreieck am Verschlussboden auf die linke Stoffseite schieben und auf dem Ober- und Untertritt festnähen. Diese Nähte versäubern.

3 Ab Größe 44 die Abnäher im Vorderteil schließen. Vorder- und Rückenteil rechts auf rechts legen und die Schulternähte mit der Overlock schließen. Die Nahtzugaben in das Vorderteil bügeln und von rechts einmal absteppen.

4 Den Kragen ausgehend von der vorderen Mitte mit Stecknadeln am Halsausschnitt fixieren. Den Ober- sowie den Untertritt rechts auf rechts falten, sodass der Kragen dazwischen liegt. Den Kragen mit großem Stich (Heftstich) annähen.

5 Den Paspelstreifen mit der rechten Stoffseite von der Kragenseite aus auf der Nahtzugabe der eben genähten Naht feststecken und auf der bestehenden Naht annähen. Verwenden Sie hierfür den Kettenstich Ihrer Coverlock oder alternativ einen Elastikstich Ihrer Nähmaschine. Sie können auch mit dem normalen Steppstich nähen, wenn Sie elastisches Nähgarn verwenden. Den Paspelstreifen ausstreichen, über die entstandene Naht klappen und knappkantig absteppen. Den Streifen ggf. etwas zurückschneiden, die noch offene Kante einmal nach links umschlagen (ggf. bügeln), den Streifen um die Nahtzugabe herumklappen und am besten mit dem Kettenstich der Coverlock auf das Vorder- bzw. Rückenteil im Nahtschatten zum Kragen aufsteppen. Dieser Stich wird auf der rechten Stoffseite des T-Shirts zu sehen sein und sollte daher sorgfältig ausgeführt werden.

6 Die Nahtzugaben der noch offenen Kanten von Ober- und Untertritt nach innen bügeln und die Kanten bündig auf der Ansatznaht feststecken und knappkantig absteppen. Zur Verstärkung des Verschluss-bodens 5 mm über der ersten Naht noch einmal quer absteppen.

7 Die Ärmel rechts auf rechts mit der Armkugel im Armloch fixieren und mit der Overlock einnähen. Die Nahtzugaben in Richtung des Ober-teils bügeln und von rechts einmal absteppen.

8 Die Ärmelbündchen leicht dehnen und jeweils rechts auf rechts mit Stecknadeln an den Saumkanten der Ärmel fixieren. Die Bündchen anschließend mit der Overlock annähen.

9 Die Seiten- und Ärmelnähte rechts auf rechts mit Stecknadeln fixieren und in einem Arbeitsgang schließen. Beenden Sie die Naht an den Schlitzmarkierungen, falls Seitenschlitze gewünscht sind (siehe Seite 141). Wenn Sie das Poloshirt ohne Seitenschlitze arbeiten möchten, schließen Sie die Naht komplett. Die Nahtzugaben der Seiten- und Ärmelnähte in das rückwärtige Teil bügeln.

10 Den Saum an der Unterkante des Poloshirts 2 cm auf links bügeln und mit der Coverlock oder einer Zwillingsnadel von rechts an-nähen. Beim Poloshirt ohne Schlitze zuvor die Nahtzugaben der Seitennähte am Saumumbruch einknipsen und jeweils in die entgegengesetzte Richtung legen, damit der Saum der Naht schön flach wird.

11 Gemäß Markierungen auf dem Obertritt des Poloausschnitts die Knopflöcher einarbeiten und auf dem Untertritt die Knöpfe annähen.

Shirt

mit tiefem Rundhals und Schleife

Bei diesem Modell wird der tiefe Halsausschnitt mit einem kontrastfarbigen Beleg verstärkt. Auch die kurzen Ärmel erhalten einen Abschluss in Kontrastfarbe. Als hübsches Detail wird eine aus beiden Stoffen gearbeitete Schleife seitlich am Ausschnitt angebracht.

Stoffqualität	Stofffarbe	Kragen/Ausschnitt	Ärmel	Saum	Profitechnik	Finish
Baumwolljersey	Aubergine/Grau	tiefer Rundhalsausschnitt	kurzer Ärmel	gerade	–	aufgesetzte Schleife

MATERIAL

- ❧ Oberstoff 1, 140 cm breit, 1 m
- ❧ Oberstoff 2, 140 cm breit, 30 cm
- ❧ farblich passendes Nähgarn

ZUSCHNITT

Die Schnittmuster für die vorderen und rückwärtigen Belege vom Vorder- bzw. Rückenteilschnitt- muster abschneiden; Vorder- und Rückenteil werden am Halsaus- schnitt an der unteren Belegkante zugeschnitten (Markierung „Beleg tiefer Rundhalsausschnitt" bzw. „Beleg Rundhalsausschnitt". Vor- der- und Rückenteil mit 5 mm Nahtzugabe und 2 cm Saumzu- gabe zuschneiden. Ärmel und vordere und rückwärtige Belege mit 5 mm Nahtzugabe zuschnei- den. Den Fadenlauf beachten und alle Passzeichen und Markie- rungen auf die Stoffteile übertra- gen.

SCHNITTTEILE

OBERSTOFF 1:

- ❧ 1x Vorderteil (im Stoffbruch)
- ❧ 1x Rückenteil (im Stoffbruch)
- ❧ 2x Ärmel

OBERSTOFF 2:

- ❧ 2x vorderer Beleg (im Stoffbruch)
- ❧ 2x rückwärtiger Beleg (im Stoffbruch)
- ❧ 2x Ärmelblende, 9 cm breit, Länge siehe Seite 22

SCHNITTMUSTERBOGEN 1B + 2A

ANLEITUNG

1 Die Schulternähte der Belege mit der Overlock schließen. Beide Belegteile an der oberen Kante rechts auf rechts legen und mit der Overlock zusammennähen. Die Nahtzugabe in den inneren Beleg bügeln und knappkantig absteppen.

2 Ab Größe 44 die Abnäher im Vorderteil schließen. Vorder- und Rückenteil rechts auf rechts legen und die Schulternähte mit der Overlock schließen.

3 Den Halsausschnittbeleg mit den offenen Kanten rechts auf rechts mit Stecknadeln am Halsausschnitt des Shirts fixieren und mit der Overlock annähen.

4 Die Ärmel jeweils rechts auf rechts mit Stecknadeln an der Kante des Armlochs fixieren und annähen. Die Nahtzugaben in das Oberteil bügeln.

5 Die Seiten- und Ärmelnähte rechts auf rechts mit Stecknadeln fixieren und in einem Arbeitsgang schließen. Die Nahtzugaben in das rückwärtige Teil bügeln.

6 Die Ärmelblenden an den schmalen Enden rechts auf rechts zusammennähen, sodass ein Ring entsteht. Den Stoff der Länge nach mittig links auf links falten und bügeln. Den Ring sowie die untere Ärmelkante mit Stecknadeln jeweils in vier gleich große Abschnitte teilen. Den Beleg nun mit Stecknadeln rechts auf rechts mit den offenen Kanten am Ärmelabschluss fixieren, dabei darauf achten, dass die Stecknadelmarkierungen jeweils aufeinandertreffen. Den Streifen mit der Overlock rundherum annähen, dabei den Stoff vorsichtig dehnen, damit die Blende an den Ärmelsaum passt.

7 Den Saum an der Unterkante des T-Shirts 2 cm auf links bügeln und mit der Coverlock oder einer Zwillingsnadel von rechts absteppen.

Finish: Aufgesetzte Schleife

ZUSCHNITT

➤ 1x Streifen aus Oberstoff 1, 6 cm x 41 cm
➤ 1x Streifen aus Oberstoff 2, 1 cm x 40 cm

1 Den breiten Stoffstreifen an den langen Kanten rechts auf rechts mit der Overlock mit 5 mm Nahtzugabe zusammennähen. Den Schlauch wenden und die Naht ausbügeln. Die beiden Enden zur Mitte falten und das Band anschließend erneut mittig zusammenlegen.

2 Den schmalen Stoffstreifen an den langen Kanten mit dem Rollsaum der Overlock versäubern. Das Band fest um die Mitte des gefalteten breiten Bandes binden und verknoten.

3 Die Schleife zum Schluss von Hand auf dem vorderen Beleg annähen.

Tiefer Halsausschnitt

Gerader Saum   Ohne Ärmel

Tiefer Tanktop-Halsausschnitt

Rundhalsausschnitt

SHiRTS

Aufgesetzte Tasche

Kurzer Ärmel   V-Ausschnitt

Tiefer Rundhalsausschnitt

Destroyed Look   Polokragen

Runder Saum

Knopfleiste Einschnitt

Kurzer Ärmel mit Strickbündchen

Seitenschlitze

HERREN

Bleach Langer Ärmel

Geschwungener Saum

Rollkragen Cut-under

Kurzer Ärmel mit Bündchen

Features

Diese Übersicht zeigt alle Features der Herrenshirts auf einen Blick, die Sie nach Belieben wie beim Baukastenprinzip kombinieren können. Möchten Sie ein Shirt abwandeln und beispielsweise mit einer anderen Ausschnitt oder Ärmelvariante arbeiten, kopieren Sie die Schnittmuster entsprechend vom Schnittmusterbogen. Nähen Sie das Shirt gemäß den zu den jeweiligen Features passenden Anleitungsschritten der Modelle. Diese finden Sie bei dem Shirt, das Ihre Wunschfeatures aufweist.

	Stoffqualität	Stofffarbe	Kragen/Ausschnitt
Lässiges Tanktop	Baumwolljersey	Schwarz	tiefer Rundhalsausschnitt
Tanktop mit aufgesetzter Tasche	Strickstoff	Weiß-Grau gestreift	tiefer Tanktop-Halsausschnitt
T-Shirt mit Cut-under-Schlitzen	elastischer Baumwollpikee	Blau	Rundhalsausschnitt
Rundhalsshirt mit aufgesetzter Tasche	Baumwolljersey	Hellgrau	Rundhalsausschnitt
Shirt im Destroyed Look	Doubleface-Rippenjersey	Blau meliert/Blau	tiefer Rundhalsausschnitt
Klassisches Poloshirt	Baumwollpikee	Weiß	Polokragen mit Knopfleiste

Ärmel	Saum	Profitechnik	Finish
ohne Ärmel (Top)	gerade	–	–
ohne Ärmel (Top)	gerade	–	aufgesetzte Tasche
kurzer Ärmel	gerade	–	Destroyed Look und Cut-under
kurzer Ärmel	gerade	hochwertige Verarbeitung an Halsausschnitt und Schultern	aufgesetzte Tasche
kurzer Ärmel	gerade	–	Destroyed Look
kurzer Ärmel (mit Strickbündchen)	gerade	Seitenschlitze und Polokragen nähen	–

lässiges

TANKTOP

Das klassische Tanktop mit tiefem Halsausschnitt und geradem Saum. Hals- und Armausschnitte werden ganz einfach mit Paspelstreifen eingefasst.

Stoffqualität	Stofffarbe	Kragen/ Ausschnitt	Ärmel	Saum	Profitechnik	Finish
Baumwoll-jersey	Schwarz	tiefer Rundhals-ausschnitt	ohne Ärmel (Top)	gerade	–	–

MATERIAL

- Oberstoff,
  140 cm breit, 80 cm
- farblich passendes
  Nähgarn

ZUSCHNITT

Vorder- und Rückenteil
mit 5 mm Nahtzugabe
und 2 cm Saumzugabe
zuschneiden. Die Paspel-
streifen rechtwinklig zur
Webkante ohne Nahtzu-
gabe zuschneiden. Den
Fadenlauf beachten.

SCHNITTTEILE

- 1x Vorderteil
  (im Stoffbruch)
- 1x Rückenteil
  (im Stoffbruch)

ZUSÄTZLICH:

- 1x Paspelstreifen für
  den Halsausschnitt,
  4 cm breit, Länge siehe
  Seite 23
- 2x Paspelstreifen für
  den Armausschnitt,
  4 cm breit, Länge siehe
  Seite 24

SCHNITTMUSTERBOGEN
2B

ANLEITUNG

1 Vorder- und Rückenteil rechts auf rechts legen und zuerst die Schulternähte, danach die Seitennähte mit der Overlock schließen.

2 Die Paspelstreifen für Hals- und Armausschnitte an den schmalen Enden rechts auf rechts zusammennähen, sodass jeweils ein Ring entsteht. Den Stoff der Länge nach mittig links auf links falten und bügeln, so dass die Naht innen liegt. Die Paspelringe sowie den Hals- und die Armausschnitte mit Stecknadeln jeweils in vier gleich große Abschnitte teilen. Die Paspeln nun mit Stecknadeln rechts auf rechts mit den offenen Kanten an den entsprechenden Ausschnitten fixieren, dabei darauf achten, dass die Stecknadelmarkierungen jeweils aufeinandertreffen. Die Paspeln mit der Overlock rundherum annähen, dabei den Paspelring vorsichtig dehnen, damit die Streifen an den jeweiligen Ausschnitt passen. Die Nahtzugaben in das Tanktop bügeln und knappkantig mit dem Kettenstich der Coverlock oder einem elastischen Stich der Näh-maschine von rechts absteppen.

3 Die Nahtzugaben der Seitennähte am Saum-umbruch einknipsen und jeweils in die entgegengesetzte Rich-tung legen, damit der Saum an der Naht schön flach wird. Den Saum des Tanktops 2 cm auf links bügeln und mit der Coverlock oder einer Zwillingsnadel von rechts absteppen.

TANKTOP
mit aufgesetzter Tasche

Die etwas modischere Variante des Tanktops hat
einen tieferen Halsausschnitt sowie eine aufgesetzte
Tasche und ist ca. 7 cm länger als der klassische
Schnitt.

Stoffqualität	Stofffarbe	Kragen/ Ausschnitt	Ärmel	Saum	Profitechnik	Finish
Crêpe-Jersey	Weiß-Grau gestreift	tiefer Tanktop-Halsausschnitt	ohne Ärmel (Top)	gerade	–	aufgesetzte Tasche

MATERIAL

- ❥ Oberstoff, 140 cm breit, 90 cm
- ❥ farblich passendes Nähgarn

ZUSCHNITT

Die Schnittteile mit 5 mm Nahtzugabe und 2 cm an Saum und oberer Taschenkante zuschneiden. Die Paspelstreifen rechtwinklig zur Webkante ohne Nahtzugabe zuschneiden. Den Fadenlauf beachten und alle Markierungen auf die Stoffteile übertragen.

SCHNITTTEILE

- ❥ 1x Vorderteil (im Stoffbruch)
- ❥ 1x Rückenteil (m Stoffbruch)
- ❥ 1x Tasche

ZUSÄTZLICH:

- ❥ 1x Paspelstreifen für den Halsausschnitt, 4 cm breit, Länge siehe Seite 23
- ❥ 2x Paspelstreifen für den Armausschnitt, 4 cm breit, Länge siehe Seite 24

SCHNITTMUSTERBOGEN 2B

ANLEITUNG

1 Den oberen Rand der Tasche 2 cm umschlagen und mit der Coverlock oder einer Zwillingsnadel säumen. Das Schnittmuster der Tasche
auf feste Pappe übertragen und ausschneiden. Die Pappe mittig auf die
linke Stoffseite des Taschenteils legen und die Stoffränder des Taschenteils
um die Pappe herumbügeln. Die Pappe entfernen.

2 Die Tasche gemäß der Positionsmarkierung mit Stecknadeln auf dem
Vorderteil fixieren und von rechts mit dem Kettenstich der Coverlock
oder dem Elastikstich der Nähmaschine aufnähen, dabei Beginn und Ende
der Naht jeweils in Form eines kleinen Dreiecks arbeiten, damit der Tascheneingriff stabil wird.

3 Vorder- und Rückenteil rechts auf rechts legen und zuerst die Schulternähte, danach die Seitennähte mit der Overlock schließen.

4 Die Paspelstreifen für Hals- und Armausschnitte an den schmalen
Enden rechts auf rechts zusammennähen, sodass jeweils ein Ring
entsteht. Den Stoff der Länge nach mittig links auf links falten und bügeln,
so dass die Naht innen liegt. Die Paspelringe sowie den Hals- und die Armausschnitte mit Stecknadeln jeweils in vier gleich große Abschnitte teilen.
Die Paspeln nun mit Stecknadeln rechts auf rechts mit den offenen Kanten
an den entsprechenden Ausschnitten fixieren, dabei darauf achten, dass
die Stecknadelmarkierungen jeweils aufeinandertreffen. Die Paspeln mit der
Overlock rundherum annähen, dabei den Paspelring vorsichtig dehnen,
damit die Streifen an den jeweiligen Ausschnitt passen. Die Nahtzugaben
in das Tanktop bügeln und knappkantig mit dem Kettenstich der Coverlock
oder einem elastischen Stich der Nähmaschine von rechts absteppen.

5 Die Nahtzugaben der Seitennähte am Saumumbruch einknipsen
und jeweils in die entgegengesetzte Richtung legen, damit der Saum
an der Naht schön flach wird. Den Saum des Tanktops 2 cm auf links bügeln
und mit der Coverlock oder einer Zwillingsnadel von rechts absteppen.

T-Shirt
mit Cut-under-Schlitzen

Das traditionelle T-Shirt ist angenehm lässig geschnitten. Dazu passt der Destroyed Look an Halsausschnitt und Ärmelsäumen. Um das Design abzurunden, wird das Vorderteil mit einer Cut-under-Technik geschlitzt.

Stoffqualität	Stofffarbe	Kragen/ Ausschnitt	Ärmel	Saum	Profitechnik	Finish
elastischer Baumwoll-pikee	Blau	Rundhals-ausschnitt	kurzer Ärmel	gerade	Destroyed Look und Cut-under	–

MATERIAL

- Oberstoff,
  140 cm breit, 1 m
- farblich passendes
  Nähgarn

ZUSCHNITT

Alle Schnittteile außer
dem Paspelstreifen mit
5 mm Nahtzugabe und
2 cm Saumzugabe an
Unterkante und Ärmeln
zuschneiden. Den Pas-
pelstreifen senkrecht zur
Webkante ohne Naht-
zugabe zuschneiden.
Den Fadenlauf beachten
und alle Passzeichen auf
die Stoffteile übertragen.

SCHNITTTEILE

- 1x Vorderteil
  (im Stoffbruch)
- 1x Rückenteil
  (im Stoffbruch)
- 2x Ärmel
ZUSÄTZLICH:
- 1x Paspelstreifen für
  den Halsausschnitt,
  4 cm breit, Länge siehe
  Seite 23
- 3x Streifen für Cut-under-
  Technik, 3 cm breit,
  Länge nach Wunsch

SCHNITTMUSTERBOGEN
2B

ANLEITUNG

1 Die Streifen für die Cut-under-Technik mit der Overlock versäubern und auf der linken Stoffseite des Vorderteils von einer Seite ausgehend so anordnen, dass Eindruck von Krallenspuren entsteht. Die Streifen mit einem Elastikstich aufnähen. Nun das Vorderteil auf der rechten Stoffseite in der Mitte zwischen den Stepplinien aufschneiden. Diese Einschnittlinien mit einer Bürste gut ausbürsten damit die Kanten ausfransen. So entsteht der Eindruck eines aufgeschlitzten T-Shirts.

2 Vorder- und Rückteil rechts auf rechts legen und die Schulternähte mit der Overlock schließen.

3 2 Den Paspelstreifen für den Halsausschnitt an den schmalen Enden rechts auf rechts zusammennähen, sodass ein Ring entsteht. Den Stoff der Länge nach mittig links auf links falten und bügeln, so dass die Naht innen liegt. Den Ring sowie den Halsausschnitt mit Stecknadeln jeweils in vier gleich große Abschnitte teilen. Den Paspelring nun mit Stecknadeln rechts auf rechts mit den offenen Kanten am Halsausschnitt fixieren, dabei darauf achten, dass die Stecknadelmarkierungen jeweils aufeinandertreffen. Den Streifen mit der Overlock rundherum annähen, dabei den Stoff vorsichtig dehnen, damit die Paspel an den Ausschnitt passt.

4 Die Nahtzugaben des Halsausschnittbündchens in das T-Shirt bügeln und knappkantig mit dem Kettenstich der Coverlock oder einem elastischen Stich der Nähmaschine von rechts absteppen.

5 Die Ärmel jeweils rechts auf rechts mit Stecknadeln an der Kante des Armlochs fixieren und annähen, dabei die Passzeichen beachten. Die Nahtzugaben in das Oberteil bügeln.

6 Die Seiten- und Ärmelnähte rechts auf rechts mit Stecknadeln fixieren und in einem Arbeitsgang schließen. Die Nahtzugaben in das rückwärtige Teil bügeln.

7 Die Nahtzugaben der Seitennähte am Saumumbruch einknipsen und jeweils in die entgegengesetzte Richtung legen, damit der Saum an der Naht schön flach wird. Die Säume an den Ärmeln und an der Unterkante des T-Shirts 2 cm auf links bügeln und mit der Coverlock oder einer Zwillingsnadel von rechts absteppen.

8 Zum Schluss für den Destroyed Look die Säume an Ärmeln und Halsausschnitt an der Bruchkante aufschneiden.

RUNDhalsshirt

mit aufgesetzter Tasche

Die einfache Verarbeitung macht das traditionelle Rundhals-T-Shirt zu einem Must-have. Modische Akzente lassen sich durch die Stoff- und Farbwahl der aufgesetzten Tasche setzen.

Stoffqualität	Stofffarbe	Kragen/Ausschnitt	Ärmel	Saum	Profitechnik	Finish
Baumwoll-jersey	Hellgrau	Rundhals-ausschnitt	kurzer Ärmel	gerade	hochwertige Verarbeitung an Halsausschnitt und Schultern	aufgesetzte Tasche

MATERIAL

- Oberstoff, 140 cm breit, 1 m
- farblich passendes Nähgarn

ZUSCHNITT

Alle Schnittteile außer dem Paspelstreifen mit 5 mm Nahtzugabe und 2 cm an Saum und Ärmeln sowie oberer Taschenkante zuschneiden. Den Paspelstreifen rechtwinklig zur Webkante ohne Nahtzugabe zuschneiden. Den Fadenlauf beachten und alle Passzeichen und Markierungen auf die Stoffteile übertragen.

SCHNITTTEILE

- 1x Vorderteil (im Stoffbruch)
- 1x Rückenteil (im Stoffbruch)
- 2x Ärmel
- 1x Tasche

ZUSÄTZLICH:

- 1x Paspelstreifen für den Halsausschnitt, 4 cm breit, Länge siehe Seite 24

SCHNITTMUSTERBOGEN 2B

ANLEITUNG

1 Den oberen Rand der Tasche 2 cm umschlagen und mit der Coverlock oder einer Zwillingsnadel säumen. Das Schnittmuster der Tasche auf feste Pappe übertragen und ausschneiden. Die Pappe mittig auf die linke Stoffseite des Taschenteils legen und die Stoffränder des Taschenteils um die Pappe herumbügeln. Die Pappe entfernen.

2 Die Tasche gemäß der Positionsmarkierung mit Stecknadeln auf dem Vorderteil fixieren und von rechts mit dem Kettenstich der Coverlock oder dem Elastikstich der Nähmaschine aufnähen, dabei Beginn und Ende der Naht jeweils in Form eines kleinen Dreiecks arbeiten, damit der Tascheneingriff stabil wird.

3 Vorder- und Rückteil rechts auf rechts legen und die Schulternähte mit der Overlock schließen.

4 Den Paspelstreifen für den Halsausschnitt an den schmalen Enden rechts auf rechts zusammennähen, sodass ein Ring entsteht. Den Stoff der Länge nach mittig links auf links falten und bügeln, so dass die Naht innen liegt. Den Ring sowie den Halsausschnitt mit Stecknadeln jeweils in vier gleich große Abschnitte teilen. Den Paspelring nun mit Stecknadeln rechts auf rechts mit den offenen Kanten am Halsausschnitt fixieren, dabei darauf achten, dass die Stecknadelmarkierungen jeweils aufeinandertreffen. Den Streifen mit der Overlock rundherum annähen, dabei den Stoff vorsichtig dehnen, damit die Paspel an den Ausschnitt passt.

5 Die Nahtzugaben des Halsausschnittbündchens in das T-Shirt bügeln und knappkantig mit dem Kettenstich der Coverlock oder einem elastischen Stich der Nähmaschine von rechts absteppen.

6 Die Ärmel jeweils rechts auf rechts mit Stecknadeln an der Kante des Armlochs fixieren und annähen, dabei die Passzeichen beachten. Die Nahtzugaben in das Oberteil bügeln.

7 Die Seiten- und Ärmelnähte rechts auf rechts mit Stecknadeln fixieren und in einem Arbeitsgang schließen. Die Nahtzugaben in das rückwärtige Teil bügeln.

8 Die Nahtzugaben der Seitennähte am Saumumbruch einknipsen und jeweils in die entgegengesetzte Richtung legen, damit der Saum an der Naht schön flach wird. Die Säume an den Ärmeln und an der Unterkante des T-Shirts 2 cm auf links bügeln und mit der Coverlock oder einer Zwillingsnadel von rechts absteppen.

Profitechnik

Hochwertige Verarbeitung an Halsausschnitt und Schultern

Um Ihr Shirt noch professioneller aussehen zu lassen und die Nähte im rückwärtigen Halsausschnitt und an den Schultern stabiler zu machen, können Sie einen Paspelstreifen einarbeiten.

ANLEITUNG

1 Das T-Shirt wie in Schritt 1-4 beschrieben nähen und die Nahtzugaben des Halsausschnittbündchens in das T-Shirt bügeln.

2 Von einer Schulter über den rückwärtigen Halsausschnitt bis zur anderen äußeren Schulterkante messen und einen entsprechend langen und 3 cm breiten Paspelstreifen senkrecht zur Webkante aus T-Shirt-Stoff zuschneiden.

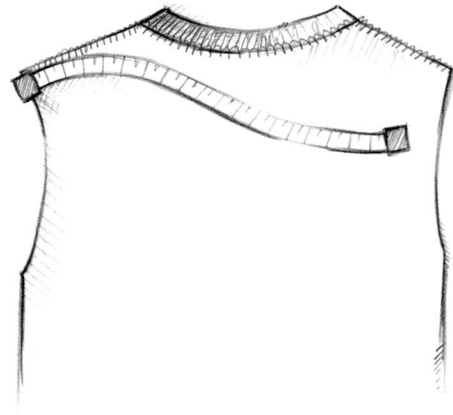

3 Den Paspelstreifen mit der rechten Stoffseite bei einer Schulter beginnend über den rückwärtigen Halsausschnitt bis zur anderen äußeren Schulterkante auf die Nahtzugabe des Vorderteils stecken, dabei die Naht nicht dehnen, und auf der bereits genähten Naht annähen. Verwenden Sie hierfür den Kettenstich Ihrer Coverlock oder alternativ einen Elastikstich Ihrer Nähmaschine. Sie können auch mit dem normalen Steppstich nähen, wenn Sie elastisches Nähgarn verwenden. Den Paspelstreifen über die entstandene Naht klappen und knappkantig absteppen. Den Streifen ggf. etwas zurückschneiden, die noch offene Kante einmal nach links umschlagen, den Streifen um die Nahtzugabe herumklappen und am besten mit dem Kettenstich der Coverlock auf das Rückteil aufsteppen. Dieser Stich wird auf der rechten Stoffseite des T-Shirts zu sehen sein und sollte daher sorgfältig ausgeführt werden.

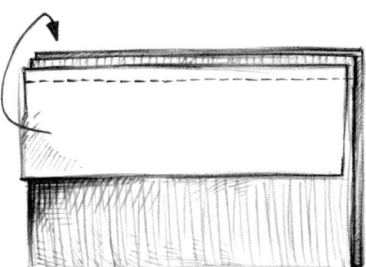 

4 Die Nahtzugaben des vorderen Halsausschnittbündchens in das T-Shirt bügeln und knappkantig mit dem Kettenstich der Coverlock oder einem elastischen Stich der Nähmaschine von rechts absteppen. Anschließend das T-Shirt wie ab Schritt 4 beschrieben weiterarbeiten.

Shirt
im Destroyed Look

Das klassische Shirt können Sie mit wenig Aufwand in den Destroyed Look verwandeln. Dazu wird es aus einem schweren und hochelastischen Doubleface-Rippenjersey mit tiefem rundem Halsausschnitt genäht. Die Ausschnittkanten werden umgebügelt und anschließend aufgeschnitten. Die Ärmelsäume werden zweimal umgeschlagen und von Hand angenäht.

Stoffqualität	Stofffarbe	Kragen/Ausschnitt	Ärmel	Saum	Profitechnik	Finish
Doubleface-Rippenjersey	Blau meliert/Blau	tiefer Rundhals-ausschnitt	kurzer Ärmel	gerade	–	Destroyed Look

MATERIAL

- Oberstoff,
  140 cm breit, 1 m
- farblich passendes
  Nähgarn

ZUSCHNITT

Alle Schnittteile mit
5 mm Nahtzugabe,
2 cm Saumzugabe
an Unterkante und
Ärmeln und 1 cm
Nahtzugabe an den
Halsausschnittkanten
zuschneiden.
Den Fadenlauf be-
achten und alle
Passzeichen auf die
Stoffteile übertragen.

SCHNITTTEILE

- 1x Vorderteil
  (im Stoffbruch)
- 1x Rückenteil
  (im Stoffbruch)
- 2x Ärmel

SCHNITTMUSTERBOGEN
2B

ANLEITUNG

1 Vorder- und Rückenteil rechts auf rechts legen und die Schulternähte mit der Overlock schließen.

2 Die Nahtzugabe der Halsausschnittkante auf links bügeln und mit der Coverlock oder einer Zwillingsnadel annähen. Anschließend die entstandene Bruchkante aufschneiden. Die Kanten springen dadurch auf und rollen sich leicht ein.

3 Die Ärmel jeweils rechts auf rechts mit Stecknadeln an der Kante des Armlochs fixieren und annähen, dabei die Passzeichen beachten. Die Nahtzugaben in das Oberteil bügeln.

4 Die Seiten- und Ärmelnähte rechts auf rechts mit Stecknadeln fixieren und in einem Arbeitsgang schließen. Die Nahtzugaben in das rückwärtige Teil bügeln.

5 Die Ärmelsäume zweimal je ca. 2 cm umschlagen und von Hand mit ein paar Stichen fixieren.

6 Die Nahtzugaben der Seitennähte am Saumumbruch einknipsen und jeweils in die entgegengesetzte Richtung legen, damit der Saum an der Naht schön flach wird. Den Saum an der Unterkante des T-Shirts 2 cm auf links bügeln und mit der Coverlock oder einer Zwillingsnadel von rechts absteppen.

TIPP: Alternativ können Sie die Destroyed-Technik vom Halsausschnitt auch am Ärmel- und Shirtsaum anwenden.

Klassisches
POLOShiRt

Das klassische Herren-Poloshirt mit Strickbündchen an den Ärmeln und traditionellem Polokragen. Der gerade Saum kann mit oder ohne Schlitze genäht werden.

Stoffqualität	Stofffarbe	Kragen/ Ausschnitt	Ärmel	Saum	Profitechnik	Finish
elastischer Baumwoll- pikee	Weiß	Polokragen mit Knopfleiste	kurzer Ärmel (mit Strick- bündchen)	gerade	Seitenschlitze und Polokragen nähen	–

MATERIAL

- Oberstoff, 140 cm breit, 1,10 m
- Polokragen aus Strickware
- Strickbündchenware (Ärmelsäume), 6 cm breit, 90 cm
- 3 Knöpfe, ø 1,1 cm
- farblich passendes Nähgarn

HINWEIS: Falls Sie keinen fertigen Polokragen zur Hand haben, können Sie mit Hilfe des Kragenschnittmusters (siehe Zuschnitt) einen Polokragen aus Oberstoff selbst nähen (siehe Seite 140).

ZUSCHNITT

Vorderteil, Rückenteil und Rückenbeleg mit 5 mm Nahtzugabe und 2 cm Saumzugabe an der Unterkante zuschneiden. Ärmel ebenfalls mit 5 mm Nahtzugabe zuschneiden. Paspelstreifen und Knopfleiste ohne Nahtzugabe, den Paspelstreifen senkrecht zur Webkante zuschneiden. Den Fadenlauf beachten und alle Passzeichen und Markierungen auf die Stoffteile übertragen.

SCHNITTTEILE

- 1x Vorderteil (im Stoffbruch)
- 1x Rückenteil (im Stoffbruch)
- 2x Ärmel
- 2x Knopfleiste
- 1x Rückenbeleg (im Stoffbruch)
- 2x Kragen (optional; im Stoffbruch; siehe Hinweis oben)

ZUSÄTZLICH:

- 2x Strickbündchenstreifen für die Ärmelsäume, 6 cm breit, Länge siehe Seite 25
- 1x Paspelstreifen für den Halsausschnitt, 4 cm breit, Länge wie untere Kragenkante
- 2x Schlitzblende, 3 cm breit, 20 cm (optional)

HINWEIS: Besonders professionell sieht es aus, wenn Sie den Paspelstreifen für den Halsausschnitt sowie die Schlitzbelege in kontrastfarbigem Stoff zuschneiden. Das Material sollte dasselbe sein.

SCHNITTMUSTERBOGEN 2B

ANLEITUNG

1 Den Beleg für den rückwärtigen Halsausschnitt versäubern und links auf links entlang der unteren, runden Kante auf das Rückenteil steppen.

2 Ober- und Untertritt der Knopfleiste an den markierten Linien am Vorderteil annähen, dabei auf den Nahtlinien steppen und die Nähte jeweils am Anfang und Ende sorgfältig verriegeln. Das Vorderteil exakt in der Mitte zwischen den Nähten von Ober- und Untertritt bis ca. 1,5 cm vor Schlitzende aufschneiden und anschließend schräg zu den Ecken einschneiden, sodass ein Dreieck entsteht. Ober- und Untertritt zum Schlitz umbügeln, so dass sie beide in der vorderen Mitte übereinanderliegen, die unteren Kanten exakt aufeinanderpassen und ein Poloverschluss entsteht. Das beim Einschneiden entstandene Dreieck am Verschlussboden auf die linke Stoffseite schieben und auf dem Ober- und Untertritt festnähen. Diese Nähte versäubern.

3 Vorder- und Rückenteil rechts auf rechts legen und die Schulternähte mit der Overlock schließen. Die Nahtzugaben in das Vorderteil bügeln und von rechts einmal absteppen.

4 Den Kragen ausgehend von der vorderen Mitte mit Stecknadeln am Halsausschnitt fixieren. Den Ober- sowie den Untertritt rechts auf rechts falten, sodass der Kragen dazwischen liegt. Den Kragen mit großem Stich (Heftstich) in der Nahtzugabe annähen.

5 Den Paspelstreifen mit der rechten Stoffseite von der Kragenseite aus entlang des Kragens auf der Nahtzugabe des Halsausschnitts feststecken. Um ein späteres Ausdehnen des Halsausschnitts zu vermeiden, den Streifen leicht stramm aufstecken. Den Halsausschnitt beginnend an der Außenkante der Knopfleiste einmal rundherum steppen, dabei den Paspelstreifen und den Kragen mitfassen. Verwenden Sie hierfür den Kettenstich Ihrer Coverlock oder alternativ einen Elastikstich Ihrer Nähmaschine. Sie können auch mit dem normalen Steppstich nähen, wenn Sie elastisches Nähgarn verwenden. Den Paspelstreifen ausstreichen, um die Nahtzugabe klappen und im Nahtschatten absteppen. Den Streifen ggf. etwas zurückschneiden, die noch offene Kante einmal nach links umschlagen (ggf. bügeln), den Streifen am besten mit dem Kettenstich der Coverlock auf das Vorder- bzw. Rückenteil aufsteppen. Dieser Stich wird auf der rechten Stoffseite des Poloshirts zu sehen sein und sollte daher sorgfältig ausgeführt werden.

6 Die Nahtzugaben der noch offenen Kanten von Ober- und Untertritt nach innen bügeln, die Kanten bündig auf der Ansatznaht feststecken und knappkantig absteppen. Zur Verstärkung des Verschlussbodens 5 mm über der ersten Naht noch einmal quer absteppen.

7 Die Ärmel rechts auf rechts mit der Armkugel im Armloch fixieren und mit der Overlock einnähen. Die Nahtzugaben in Richtung des Oberteils bügeln und von rechts einmal absteppen.

8 Die Ärmelbündchen doppelt legen, leicht dehnen und jeweils rechts auf rechts mit Stecknadeln an den Saumkanten der Ärmel fixieren. Die Bündchen anschließend mit der Overlock annähen.

9 Die Seiten- und Ärmelnähte rechts auf rechts mit Stecknadeln fixieren und in einem Arbeitsgang schließen. Beenden Sie die Naht an den Schlitzmarkierungen, falls Seitenschlitze gewünscht sind (siehe Seite 141). Wenn Sie das Poloshirt ohne Seitenschlitze arbeiten möchten, schließen Sie die Naht komplett. Die Nahtzugaben der Seiten- und Ärmelnähte in das rückwärtige Teil bügeln.

10 Den Saum an der Unterkante des Poloshirts 2 cm auf links bügeln und mit der Coverlock oder einer Zwillingsnadel von rechts annähen. Beim Poloshirt ohne Schlitze zuvor die Nahtzugaben der Seitennähte am Saumumbruch einknipsen und jeweils in die entgegengesetzte Richtung legen, damit der Saum an der Naht schön flach wird.

11 Gemäß Markierungen auf dem Obertritt des Poloausschnitts die Knopflöcher einarbeiten und auf dem Untertritt die Knöpfe annähen.

Profitechnik

Einen Polokragen nähen

ZUSCHNITT

Den Kragen mit Hilfe des Kragenschnittmusters für das Poloshirt 2x aus dem Oberstoff mit 5 mm Nahtzugabe zuschneiden.

ANLEITUNG

1 Den Oberkragen mit Stecknadeln rechts auf rechts auf dem Unterkragen fixieren und mit 5 mm Abstand zur Kante zusammennähen, die untere Kante bleibt offen. Wählen Sie den Stich an den Ecken möglichst klein, um ein späteres Ausreißen beim Wenden zu verhindern. Die Nahtzugabe auf 5 mm zurückschneiden und auseinanderbügeln. Die Ecken nicht schräg abschneiden, sondern die Nahtzugaben beim Wenden ordentlich falten.

2 Den Kragen auf rechts wenden und so bügeln, dass die Naht genau an der Kante zu liegen kommt. Nun den Kragen vom Oberkragen her mit 5 mm Abstand zur Kante absteppen und den Kragen anschließend weiter verarbeiten.

Profitechnik

Seitenschlitze nähen

Wenn Sie das Poloshirt mit Seitenschlitzen nähen möchten, beenden Sie jeweils die Seitennaht an der Schlitzmarkierung und arbeiten anschließend wie folgt weiter:

ANLEITUNG

1 Zum Verstürzen der Schlitzblenden zunächst ein Bändchen an einer Schmalseite jeder Blende annähen. Die Blenden jeweils längs mittig rechts auf rechts falten und an der Längsseite mit 5 mm Nahtzugabe absteppen, dabei das Bändchen innen mitführen. Nun vorsichtig am Bändchen ziehen, um die Blenden zu wenden. Die Blenden so bügeln, dass die Naht an einer Kante liegt.

2 Die Blenden jeweils rechts auf rechts auf die noch offenen Schlitzkanten der Seitennaht stecken und nähen, dabei am Saum auf beiden Seiten 5 mm überstehen lassen.

3 Die Belege jeweils auf die linke Stoffseite ins Shirt klappen, dabei die überstehenden Belegenden am Saum nach innen einschlagen. Die Außenkanten der Schlitzbelege einmal knappkantig rundherum auf dem Oberteil annähen. Die sich über dem Schlitz bildende Schlaufe jeweils glattstreichen und mit ein paar Stichen auf der Seitennaht annähen.

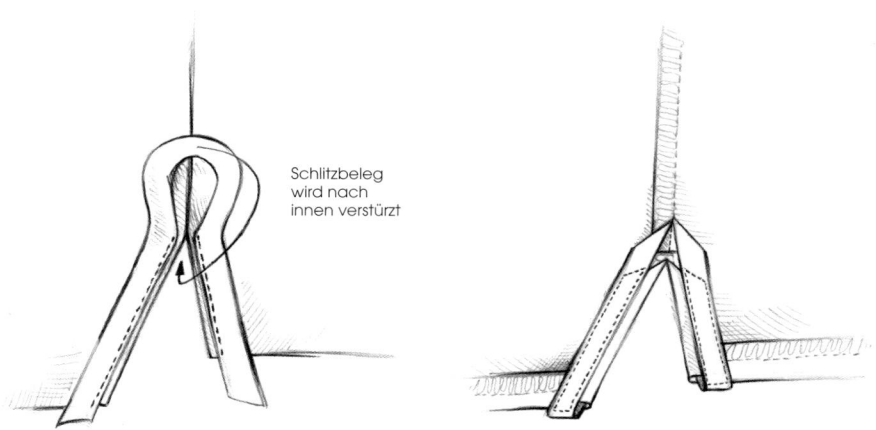

Schlitzbeleg wird nach innen verstürzt

Buchempfehlungen für Sie

TOPP 8123
ISBN 978-3-7724-8123-2

TOPP 8124
ISBN 978-3-7724-8124-6

TOPP 8123
ISBN 978-3-7724-8123-9

TOPP 6478
ISBN 978-3-7724-6478-2

TOPP 6496
ISBN 978-3-7724-6496-6

TOPP 6492
ISBN 978-3-7724-6492-8

TOPP 8130
ISBN 978-3-7724-8130-7

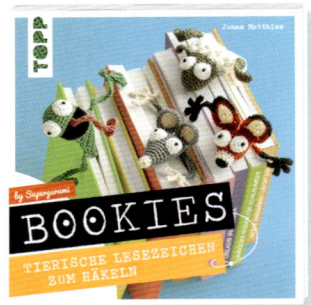

TOPP 8127
ISBN 978-3-7724-8127-7

Vom Autor bisher erschienen:

TOPP 6490
ISBN 978-3-7724-6490-4

TOPP 8103
ISBN 978-3-7724-8103-1

Kreativ-Bücher finden Sie auf www.TOPP-kreativ.de

Weitere Ideen zum Selbermachen gesucht?

Lieblingsstücke von einfach bis einfach genial finden Sie bei TOPP! Lassen Sie sich auf unserer Verlagswebsite, per Newsletter oder in den sozialen Netzwerken von unserer Vielfalt inspirieren!

Website

Verlockend: Welcher Kreativratgeber soll es für Sie sein? Schauen Sie doch auf **www.TOPP-kreativ.de** vorbei & stöbern Sie durch die neusten Hits der Saison!

TOPP-Autoren

Sie wollen wissen, wer die „Macher" unserer Bücher sind? Wer Ihnen nützliche Tipps & Tricks gibt? Auf **www.TOPP-kreativ.de/Autor** warten jede Menge spannender Infos zum jeweiligen Autor auf Sie. Finden Sie heraus, welches Gesicht hinter Ihrem Lieblingsbuch steckt!

Facebook

Werden Sie Teil unserer Community & erhalten Sie brandaktuelle Informationen rund ums Handarbeiten auf **www.Facebook.com/Mitstrickzentrale** Wer sich für Basteln, Bauen, Verzieren & Dekorieren interessiert, ist auf **www.Facebook.com/Bastelzentrale** genau richtig!

Pinterest

Sie sind auf der Jagd nach den neusten Trends? Sie suchen die besten Kniffe? Die schönsten DIY-Ideen? All das & noch vieles mehr gibt es von TOPP auf **www.Pinterest.com/Frechverlag**

Newsletter

Bunt, fröhlich & überraschend: Das ist der TOPP-Newsletter! Melden Sie sich unter: **www. TOPP-kreativ.de/Newsletter** an & wir halten Sie regelmäßig mit Tipps & Inspirationen über Ihr Lieblingshobby auf dem Laufenden!

Extras zum Download in der Digitalen Bibliothek

Viele unserer Bücher enthalten digitale Extras: Tutorial-Videos, Vorlagen zum Downloaden, Printables & vieles mehr. Dieses Buch auch? Dann schauen Sie im Impressum des Buches nach. Sofern ein Freischaltcode dort abgebildet ist, geben Sie diesen unter **www.TOPP-kreativ.de/DigiBib** ein. Nach erfolgreicher Registrierung erhalten Sie Zugang zur digitalen Bibliothek & können sofort loslegen.

YouTube

Sie wollen eine ganz neue Technik ausprobieren? Sie arbeiten an einem spannenden Projekt, aber wissen nicht weiter? Unsere Tutorials, Werbetrailer, Interviews & Making Of's auf **www.YouTube.com/Frechverlag** helfen Ihnen garantiert dabei, den passenden Ratgeber von TOPP zu finden.

Instagram

Sie sind auf Instagram unterwegs? Super, TOPP auch. Folgen Sie uns! Sie finden uns auf **www.Instagram.com/Frechverlag** Möchten Sie uns an Ihrem Lieblingsprojekt teilhaben lassen? Am besten posten Sie gleich ein Foto mit dem Hashtag **#frechverlag** & wir stellen Ihr Werk gerne unserer Community vor – yeah!

Alles in einer Hand gibt's hier:

Kreativ-Bücher finden Sie auf www.TOPP-kreativ.de

SEBASTIAN HOOFS ist Maßschneider und teilt gern sein Fachwissen. Mit 14 Jahren begann er mit dem Nähen und ist über die Hobbyschneiderei zum professionellen Handwerk gekommen.

Sein Steckenpferd ist die Schnittkonstruktion. In seiner Kölner Maßschneiderei bietet er regelmäßig Spezialnähkurse für ambitionierte Hobbyschneider an. Sein Ziel ist es, das Fachwissen der Maßschneider im Hobbybereich zu verbreiten, da die Verarbeitung meist einfacher, schneller und hochwertiger ist.

„1000 tolle T-Shirts" ist nach „Infinity Fashion" und „Männerkleidung nähen" sein drittes Buch.

Hilfestellung zu allen Fragen, die Materialien und Kreativbücher betreffen: Frau Erika Noll berät Sie. Rufen Sie an: 05052/911858*

*normale Telefongebühren

Wir danken folgenden Firmen für die Unterstützung bei diesem Buch: Alterfil Nähfaden GmbH, www.alterfil.com Brother international GmbH, www.brother.de

PRODUKTMANAGEMENT: Nina Armbruster

LEKTORAT: Christine Schlitt, Worms

FOTOS: frechverlag GmbH, Turbinenstraße 7, 70499 Stuttgart; lichtpunkt, Michael Ruder, Stuttgart

LAYOUT: Petra Theilfarth

DRUCK UND BINDUNG: Finidr s.r.o., Tschechische Republik

1. Auflage 2018

© 2018 frechverlag GmbH, Turbinenstraße 7, 70499 Stuttgart

ISBN 978-3-7724-8114-7 • Best.-Nr. 8114